四堂談心課，
爸媽更貼近孩子的心理，
爸媽不再抓狂，
和孩子共同成長！

寫在本書之前：疫情期間該如何教養孩子

疫情爆發之後，高中以下的學校全面採取停課不停學的全新策略，全臺灣的家庭都受到衝擊，面對突如其來的改變，不少家長都感到無所適從。

停課不停學對家庭帶來的改變

停課不停學對一個家庭帶來的最大改變，肯定就是孩子在家的時間了吧。平常該去上學時，孩子從早上八點到下午四點都要上課，每天有八個小時待在學校，整整三分之一天。在疫情期間，這麼多的時間卻通通都要關在家裡，孩子們悶得慌，爸爸媽媽也疲於奔命。

物理距離拉近了，那心理距離呢？

有些人家裡可能有幾層樓高的透天厝，能給孩子更多空間，充分發洩精力，也讓爸爸媽媽有喘息的機會，然而也有部分家庭，是全家共享一層樓的空間，全家人低頭不見抬頭見。俗話說：「距離產生美」，距離被突然拉近，不知道美還會留存多少？一個小家庭若是因此產生親子衝突，該怎麼辦？

因為與家人的距離更近，相處的時間更長，所以更需要注意如何調適心態，趁著疫情期間，重新檢視親子間的關係。

工作與和育兒分頭夾擊，爸爸媽媽好崩潰

孩子們可以停課，但該上班的還是得去上班，有些爸爸媽媽可能會因為難以離開工作崗位而疲於奔命，有些爸爸媽媽雖然可以在家上班，可是要面對孩子千奇百怪的問題，同樣焦頭爛額。

爸爸媽媽在最需要後援的時候，未必能找到後援，這種時候就更需要與孩子溝通、商量，和孩子一起找到適合彼此的平衡點。

根據孩子年齡的不同，也有不同的應對方式

不同年齡段的孩子，相處方式自然不同，十歲以前的孩子更需要爸爸媽媽的陪伴，而十歲以上的孩子雖然更懂得自我管理，但也更容易產生親子衝突。因此，不同年齡段的孩子適用不同的教養方式。

以下將提供幾個和教養孩子的方式，希望能在疫情期間，幫助爸爸媽媽們更順利地與孩子們相處。

疫情期間停課不停學，引導孩子自主規畫行程

二〇二一年疫情剛爆發時，我就替孩子跟學校請假，但在家也不能閒閒沒事做，於是我和孩子商量他停課在家的時間該做的事情，並請孩子擬定一天的行程。孩子興致勃勃地用麥克筆在白紙上寫下他規畫好的行程，把紙貼在白板上，得意洋洋地向我展示他精心設計的行程表。看著這張行程表，我只想跟他說：「想得美。」

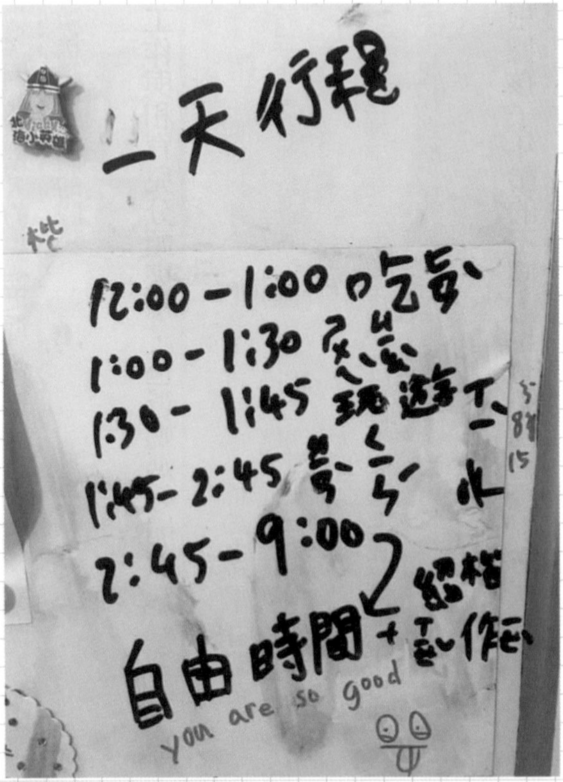

圖取自邱永林心理師臉書

12:00-01:00　吃飯

01:00-01:30　睡覺

01:30-01:45　玩遊戲

01:45-02:45　練琴

02:45-09:00　自由時間＋寫作業

在家自學≠在家放假

首先要和孩子溝通的便是「在家自學並非在家放假」，他的行程表就是學校的課表，休閒很重要，但也不能忽略學習。安排可以有彈性，但是該學習的科目也不能落下。在與孩子重新商量過後，我們討論出必須要在行程表內的項目，除了他自己列出的練琴以外，寫作業（數學、國字練習等）都是必備的，在確定有什麼一定要做的事後，再一次請孩子設計行程表。

適度給孩子自主權，父母把關最終成果

在初次制訂行程表時，孩子難免會顧著玩而輕忽學習，可是只要讓他理解這不是真的在放假，孩子也會願意配合。但在制定行程表時，盡量不要由父母全程主導，要留給孩子選擇的空間，讓孩子不至於心生反感。對於該學習的科目，父母必須把關，可是什麼時候學習，可以由孩子決定。而當孩子想要多一些玩樂時間時，只要不要太過分，也不妨睜一隻眼閉一隻眼，讓孩子更心甘情願。

最理想的情況是，能培養出孩子自主學習的能力以及自制力。但若孩子仍忍不住偷懶或耍賴，父母也必須板起臉孔，義正嚴詞地告誡孩子這是自己的決定，必須要為自己負責，千萬不可輕易心軟。

即使悶在家，也要親近大自然

學校為了讓孩子們不至於荒廢學習進度，紛紛推行線上課程，可是孩子整天盯著螢幕，上課用眼，下課想玩個手機、逛逛網頁也都在用眼，一整天下來肯定用眼過度。

為了讓孩子的眼睛休息，我買了一些種子帶著低年級的孩子開始種菜。種菜不一定要有廣大的菜園，在家中的陽台擺幾個小小的盆栽也夠用了。種菜不只可以親近大自然、拉近親子間的距離，還對孩子有以下好處：

建立強大的免疫系統

在和孩子一起種菜時，爸爸媽媽難免會擔心孩子會因此全身髒兮兮的，怕衣服沾上泥土而難以清洗，更害怕土壤中的細菌、微生物害孩子生病。但事實上土壤中的細菌和微生物，可以幫孩子提升免疫系統的功能。

從小親近大自然的孩子，比起其他孩子更不容易過敏。藉由在還小的時候，讓免疫系統認識不同種類的細菌和微生物，可以幫助免疫系統判斷哪些細菌和微生物是有害的，更有效率地保護自己。

一堂身體力行的自然課

從小盆栽開始栽種，能讓孩子從小就熟悉不同植物的特徵，是一堂身體力行的自然課。藉由這堂自然課，讓孩子明白水、土壤和陽光對生命的重要性，培養對生命的尊重。也讓孩子知道碗裡的食物是怎麼來的，在明白「誰知盤中飧，粒粒皆辛苦」的道理後，養成孩子不挑食的好習慣。

增強注意力及記性，更培養責任感

在種植盆栽的時候，孩子會專注替植物整土、拔除雜草等事，能讓孩子專注於照顧好植物，而定期澆水、施肥，也讓孩子養成規律的習慣。在記住植物的需求時，也是在鍛鍊孩子的記憶力。

最重要的是，對親自栽植下的植物，孩子會更有責任心，可以藉此培養孩子專心做好一件事、為生命負責的品德。

圖取自邱永林心理師臉書

相處時間太長了，產生衝突怎麼辦？

每天在家和孩子大眼瞪小眼，親子衝突難免多了起來。有時候是孩子犯錯，有時候是父母犯錯，而每一次的衝突，都是一次拉近親子關係、教養孩子的絕佳機會。

孩子犯錯了，罵他是最好的嗎？

當孩子犯錯時，他們往往不是故意的，可能是不知道這是錯的，或只是不小心。當孩子不知道自己犯錯的時候，我們卻直接對他發脾氣，他難免會感到牴觸。因此，在生氣之前，我們要先跟他講道理，讓他認清自己為什麼犯錯了。

若是孩子是不小心的，那就更不該直接對著他發脾氣了，有些比較敏感的孩子會因為自己不小心犯錯而難過，這時若還罵他，那就讓孩子更加受傷了，教育的效果也會大打折扣。

這也讓我想到曾聽義大利朋友說過的事，當義大利的孩子期末考考不好時，義大利的父母會先帶孩子去吃冰淇淋，因為孩子考不好已經夠難過了，這時候再訓他，根本聽不進去。不如先讓他放鬆一下，再一起想辦法。要是爸爸媽媽還是氣得不行，不罵幾句難以解氣的話，不如就讓我們自己先去吃冰淇淋吧，冷靜下來，調整好心情，再來和孩子溝通。

孩子脆弱的時候，就是教育的最佳時機

當孩子為犯錯而難受時，就是教育的最佳時機。像是二哥性格外向而衝動，無數次告誡他注意腳下、不要奔跑……但他不放在心上，某一次不顧濕滑的地面就又跑起來，跌倒受傷了，腿上擦破好大一塊。

我一邊替他上藥，一邊對著他說：「爸爸知道你很勇敢，什麼都不怕。但是你看，受傷了。」

「好痛。」二哥很是委屈。

「剛才你踩的地方亮亮的，代表它很濕或很滑。但是你沒避開，所以受傷了。你雖然勇敢，但還不夠，還需要什麼？」

「嗯……細心觀察。」二哥小小聲地說。

很多時候，孩子們在知道犯錯之後，是能自己找到犯錯的原因的，如果這時候父母急著教訓孩子，那麼這一課就又只是家長的說教，不如讓孩子們自己思考，那這個教訓就是孩子自己領悟出的道理。

避免衝突的說話方法：三明治溝通法

不知道你有沒有這樣的經驗，向朋友說了實話後，朋友卻因此大發雷霆？這可能是因為你沒有掌握「三明治溝通法」。三明治，由上下兩片吐司，以及中間的餡料組合而成，將它比喻成溝通

的話，上下兩片吐司就代表「好話」，中間最重要的餡料則是「實話」。

我們可以試著來想像一個場景，平時都考八十幾分的孩子帶回來一張九十分的考卷，本來想好好誇誇他，可是定睛一看，卻發現那張考卷錯的那題居然和昨晚陪著孩子練習到深夜的題目一樣，這時很可能會忍不住生氣吧？

但若直接開口數落孩子怎麼不記得，那在孩子眼裡，可能會覺得：他好不容易進步了，卻還是得挨罵，委屈得不行。這時候，我們就該採用三明治溝通法。

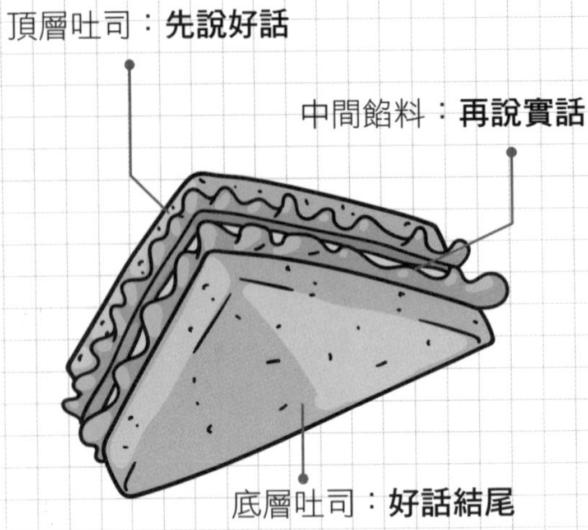

我們要先拋出最上面一層「吐司」，先說好話，以「考了九十分呢！非常厲害喔！」之類的話來稱讚孩子，滿足孩子想被認同、表揚的心理，也不會激起孩子的防備心，後續的話孩子才能聽得進去。

在端上最重要的「餡料」時，也要切記話語不要太尖銳，可以用「但是，這次錯的題目我們昨天有一起練習過，爸爸（媽媽）還記得怎麼做，你忘記的話，我們再來複習一次。」之類的方式引導孩子，讓孩子的學習基礎更穩固，也不會疏遠孩子。

最後，也不能忘記送上最後一層的「吐司」，要再一次誇獎孩子，如：「都會算了嗎？你真棒！這次考了九十分真的非常厲害喔，下次說不定就是一百分了！」

藉由三明治溝通法及正向的教育方式，能讓爸爸媽媽們與孩子間的溝通更順暢無礙！

錯的一定是孩子嗎？父母會不會犯錯？

身為大人，我知道有時候我們真的蠻自以為是，甚至達到殘忍的地步。常常自以為是地認定什麼才是對孩子最好的，什麼才是重要的。即使發現自己錯了，也很少跟孩子承認道歉。初衷一定都是為了孩子好，大人心中重要事物的順序也可能和孩子不同，但可能會忽略孩子的心情，孩子可能憤怒、無助、難過……若真的傷到了孩子，而犯錯的也是自己時，務必放下為人父母的架子，好好低頭向孩子道歉，如此一來，才能再加深孩子對你的信賴，而不是把孩子越推越遠。

趁著疫情期間，與孩子破冰

隨著孩子的年紀增長，到了高年級之後，爸爸媽媽們有沒有發現，自己的孩子越來越不愛說話、越來越喜歡自己一個人待在房間裡？爸爸媽媽可能這麼安慰自己：因為孩子長大了，有自己的社交圈，但同時也暗暗羨慕其他能與孩子相談甚歡的家庭。

孩子不願意溝通嗎？

一般來說，若是孩子不願意溝通、處處唱反調，一副「叛逆期」的樣子，爸爸媽媽就需要注意了。青少年期固然是對孩子而言變化極大、情緒起伏較大的一個時期，但他們與家庭的相處方式和父母親對待他們的方式也息息相關。

若是爸爸媽媽常常以命令、恐嚇、警告等方式與孩子溝通，或總是在否定孩子，孩子就會漸漸下意識認為和爸爸媽媽溝通是沒有效果的，因此越來越不願意和父母親說話。平時，家長要忙於工作，孩子也忙於課業，我們可能就因此忽略了溝通的重要性。正好，疫情期間多出很多相處時間，可以利用這些時間好好重新培養與孩子的感情。

從孩子的興趣開始

要和孩子溝通，要把握最大原則：「認真傾聽」。平時和孩子相處時，可能會希望孩子「多聽少說」，也就是所謂的「囝仔人，有耳無嘴」，我們正好趁這個機會，改變一直以來的溝通模式。

要讓孩子願意開口，我們可以先引導孩子來聊聊他的興趣，他可能喜歡畫畫、可能喜歡玩電腦遊戲，也可能喜歡在外運動，無論是什麼樣的興趣都好，只要孩子開始分享，就是踏出破冰的第一步了。但是，在與孩子聊興趣的時候，千萬要記得別隨意評判，若在孩子興致勃勃地分享怎麼在遊戲中取得高分時，說一句「要是平常念書有這麼認真就好了」的話，那無異是往孩子的頭上澆下一大盆冷水，也可能會讓孩子失去再開口的意願。

當孩子願意主動聊起興趣的時候，親子間的關係想必緊密不少，也可以再一步步進展到孩子的朋友、孩子在學校過得怎麼樣，讓孩子習慣與爸爸媽媽分享自己的生活，更維持親密的親子關係。

什麼時候要成為孩子的朋友？

要建立與孩子間的良好互動，成為孩子的朋友是很重要的，但並非要一直都是孩子的朋友。父母在孩子還小時，應該要以擔任孩子的照顧者為主，照料孩子的生活所需，滿足孩子的安全感，也在孩子犯錯時及時糾正。若在孩子還小時，平時當他的朋友，卻在他犯錯時以照顧者的角色斥責，那會使孩子困惑，無所適從。

要成為孩子的朋友，要等到即將進入叛逆期的前兩、三年，孩子更懂得明辨是非、自察自省，那就可以用朋友的角度來親近孩子了。

Preface
作・者・序

二〇二一年，臺灣爆發疫情，全臺只得停課，不能把孩子送到學校請老師管教，而是要每天在家和孩子大眼瞪小眼，在忙碌工作之餘，還得抽空應付孩子千奇白怪的問題。想要管教孩子，卻也不禁擔心會產生更多親子衝突，如何教養孩子成為爸爸媽媽們最大的煩惱。

教養，並非只是養，更重要的是「教」。二千年前，孔子教導門生的重要法則：「有教無類、因材施教」到了今天，仍是教養孩子的重要原則。「有教無類」讓我們不放棄任何一個孩子，而這也與心理學的「畢馬龍效應」（註1）不謀而合，那些被賦予更高期望的孩子，往往會比不被期待的孩子表現得更好。

「因材施教」更是未來教改的方向，藉由改變「短板理論」（註2）的想法，不再只補強孩子的弱項，為不理想的成績焦頭爛額，而是用心找出孩子擅長的領域，若孩子喜歡動植物，就栽培孩子成為自然學者，若孩子能在學習物理、化學中得到樂趣，就讓孩子繼續深入研究。鼓勵孩子發展自己的一技之長，才能讓孩子更有競爭力。

如何在疫情期間，讓親子間增加的相處時間變為教養的良機呢？我想和各位爸爸媽媽們分享和家中三個小男孩的相處過程，三個孩子的性格、天賦和溝通風格都截然不同，他們的創意和古靈精怪，也讓我大嘆「兒童發展心理學」、「教育心理學」、「諮商與輔導」等專門知識與實務的差距之大。每當苦惱著該如何教養這三個孩子時，總會想起孔子的智慧，「有教無類、因材施教」亦是現代教育的明燈。

這本書中，集結了我擔任心理師二十餘年來的經驗，看過的各種家庭狀況，以及我和家中三寶的相處，整理出與屬於我的一套教養方式。希望這一套教養方式，能幫上為孩子苦惱的爸爸媽媽們一點忙，不只促進親子間的感情，也與孩子一起正向成長。

邱永林

邱永林心理師
個人粉專

註1 畢馬龍效應是一種「自我應驗預言」，由美國心理學家羅伯特・羅森塔爾，與雷諾爾・雅各布森發表提出。此現象指人（通常指孩童或學生）會在被賦予比以往更高的期望後，會表現得更好。

註2 短板理論又稱「木桶理論」，由美國管理學家勞倫斯・彼得提出。此理論以木桶為例，木桶的盛水量並非以最長的木板或木板的平均長度來決定，而是取決於最短的那塊木板，最短的木板即為「最弱的環節」，套用在教學上，就是短少什麼便補強什麼。

Contents

目・錄

寫在本書之前：疫情期間該如何教養孩子

三號談心室【能力培養篇】：掌握孩子關鍵能力的教養方式

四號談心室【孩子上學篇】：
孩子的學校教育與學習

一號談心室

家庭成員篇：
為孩子創造一個溫暖的家庭

現在的你們，適合有孩子嗎？

哲學家尼采說過一句話：「我能送給我未來孩子最好的禮物，就是讓他從未出生。」這句話裡，我們可以聽出尼采對這個世界充滿著不安全感，質疑這個世界未來的發展是否適合一個孩子成長。儘管尼采在哲學上的成就斐然，但終身未娶未生子，我雖然不願意簡單地歸納結論尼采就是不喜歡小孩子，但我覺得從他這句名言當中，可以來談談有關於什麼樣的夫妻（不）適合有孩子。透過下面幾個問題，請各位問問自己，或許就可以從中得到答案。

你真的喜歡孩子嗎？

首先你得確認自己不會是個厭惡小孩的人。舉例來說，在一些公共場合（像餐廳、飛機上，或較高檔的餐廳飯店），可能會碰到小孩子吵鬧的情況，通常如我們這些已經為人父母的人會較有同理心，因為我們知道，有時即便自己已經盡力管教了，孩子還是偶而會出現情緒爆發、不受控制的狀況；然而有些人就是無法忍受這種事情，他們對於孩子是完全沒有耐心的，甚至會在餐廳裡、飛機上等場合，要求服務人員把這些親子調到遠遠的地方。我們不探討這種人為什麼討厭小孩，他們或許在其他領域很成功，但讓他們來當父母，可能一年365天、一天24小時都會很不快樂，同樣地孩子也成長得不快樂。因此你可以先問問自己：「我真的喜歡孩子嗎？」

你確定是出於自我意志想要有個孩子嗎？

小孩子很可愛，很多夫妻在結婚時雖說自己不想要有小孩，但過了幾年後就反悔了，從懷孕的那一刻起心理便產生微妙的改變，開始愛上這個孩子，這種「未見鍾情」式的母愛及父愛是人類天性的一部分；但也不乏有另一種夫妻，他們是在長輩或外界的壓力下，勉強自己擁有小孩的，這種情況下常發生的問題是，他們往往會認為自己只有「生育的責任」，沒有「養育的義務」，他們覺得生下孩子並非出於自願，所以只負責生，其他的責任要由勉強自己生小孩的人來負責。其實這樣對孩子的身心發展並不公平，因為親子關係是天性，所以被生出的孩子自然還是希望有親生父母的愛，而當他這種需求沒有被滿足，就容易造成不健康的發展。

你真的準備好要有孩子了嗎？

人生意外無處不在，其中一種意外，就是「不小心有了」。這類狀況很多是未婚懷孕，在兩人都還沒有準備好的狀況下就奉子成婚，我們不能說這樣的夫妻未來就百分之百不能成為好的父母，但通常會比較辛苦，必須在短時間內面對到許多未曾思考過的問題，挑戰也會比已經做足準備才生小孩的爸媽來得更多、更艱難。養育孩子是件重大的責任，你的任何一個作為、決定，都可能影響一個孩子未來的發展，因此我認為一個小生命的誕生，最好還是在兩個人（甚至是兩個家庭）相對都準備好的情況下才是負責任的態度。

在有孩子以前，你自己的創傷解決了嗎？

這是很重要的一點。有些人的童年有一些創傷經驗，例如目睹過家暴，或自己受到家暴（無論是生理上還是心理上），而當這些問題直到長大成人，甚至結婚以後都還沒有去好好處理時就有了孩子，便很容易將自己未解決的創傷投射在孩子身上。

創傷未解決就有了孩子，容易發生什麼問題？

比方說，當一個人在小時候被父母過度嚴格地管教時（例如考試沒有考一百分，少一分就打一

下），在他有了孩子以後，出於對自己父母過往管教方式的不理解、不諒解、甚至心中有恨的情況，就會發展出兩種極端手段——一是不加思考，照著原生父母的管教方式繼續執行，奉之為教育的圭臬；另一種則會因為自己痛恨這種管教方式，所以刻意將其方法180度大轉變，成為一個極度放任的父母。其實上述兩種方法、心態都不恰當，也可能造成惡性循環，讓自己那些不開心的童年記憶繼續傳承到孩子身上。

為什麼未被解決的創傷會遺傳下去？

小時候受家暴的孩子，為什麼長大後常常會成為家暴者？這其實這是來自於人類行為的自動化模式。人類行為通常是藉模仿而來，所以當一個人在小時候目睹了父母爭吵，接著爸爸出手毆打媽媽，就會不自覺地將兩者制約在一起，並在自己結婚後，用同樣的手段解決夫妻之間的爭吵與衝突。

然而他不知道的是，其他家庭的父母在爭吵時，會有一方試圖好好溝通，或者暫且分開讓彼此冷靜一點後再討論。這些解決問題的辦法，在受暴孩子的童年裡並沒有看過，他唯一看到的只有爸爸媽媽間激烈爭吵，接著爸爸失控打了媽媽，一會兒他感到後悔、乞求原諒，而媽媽也接受了，但一段蜜月期後又會因一些事情爭吵然後再度動手，無限循環。他沒有機會去學習其他處理衝突的行為模式，所以他長大也會以同樣的行為模式處理問題。

這也是為何我們會鼓勵小時候遭遇家暴（或目睹家暴）的人，在成為父母前一定要先好好解決這部分的情緒，例如尋求諮商，或靈性上的建議，畢竟幼小的小孩子是極需被照顧、不可理喻的且完全自私的動物，他表達需求唯一的語言就是「哭」，如果這時大人較沒耐心，又勾起來過去不好的情緒及回憶，就很有可能以比較暴力的方式來對待這個孩子。

成熟的心智會使你成為一個更合適的父母

國外有做過研究，愈晚當父母的人，小孩子的IQ愈高，學業和工作上的成就也愈高，其實這和父母的心智成熟度有關。試想一個二十歲當父母的人，和一個三十歲、四十歲當父母的人，他的人生閱歷將有截然不同的高度，所以他的資源和抗壓性也大相逕庭。所謂資源包含經濟方面和人脈方面，這些對孩子的養成都會有很大的幫助，而當資源愈多時，養育孩子的壓力也就會較小。當然也不是要每位夫妻都到很老的年紀才生育，因為就生理構造上來說，媽媽如果太晚生育，身體負擔也會比較大，這邊只是想提醒各位想成為爸爸媽媽的你們，生兒育女是人生大事，如果擁有成熟的心智再生孩子，對你們或對孩子都將助益良多。

二胎讓孩子們成為彼此的老師

心理學曾研究過獨生子女與非獨生子女之間的性格差異，有了以下有趣的發現……

《腦成像與行為》（Brain Imaging and Behavior）和《英國心理學會研究文摘》近期刊出的研究報告，提供了以下強而有力的證據說明，獨生子女的特質真的不同，就連他們的大腦結構也不一樣。

重慶西南大學心理學系邱江教授的團隊找來近300位大學生做智力、人格、創造力測驗以及MRI大腦影像掃描，參與者一半是獨生子女，另一半則有兄弟姐妹。結果顯示，兩者智力（IQ）上沒什麼特別的差距，但獨生子女組在「創造力」上明顯表現更佳，而在「五大性格特質」(Big Five)中的「親和性」（例如熱情、合作、助人等）得分較低。而且連腦部掃描都支持上述的結果。

《英國心理學會研究文摘》指出：「獨生子女比較有創意，這與他們腦部顳葉上緣及緣上回的灰質密度較高有關。相對之下，獨生子女內側前額葉皮質的灰質密度較低，則可能與他們親和程度（較低）有關。」（資料來源：Brain Imaging and Behavior、Inc.、BPS Research Digest）

獨生子女多具備較高的創意和創造力的原因，或許是因為他們從小就與年紀較長的父母、爺爺奶奶頻繁互動的結果，致使大腦獲得較多刺激，發展速度也就較快。但相對地，獨生子女在「人際關係」上就常常出現狀況，他們比較不懂得分享、溝通、妥協，而這些劣勢恰巧是有手足的孩子表現比較突出的優點。

家庭間的角色扮演，就是社會的縮影

試想一名有手足的孩子，他在玩遊戲時，必須扮演著各種不同的角色，他可能是一名哥哥，必須學會禮讓、照顧年紀更小的妹妹；但同時又是一個弟弟，得時時和大哥學習、溝通甚至爭辯。多寶家庭的孩子們於平日角色扮演的過程裡，會不知不覺地懂得調適並轉換自己的身分，你會發現這樣的互動模式，其實就是社會的常態。當一個人在進入校園、踏入職場以後，一定會遇到跟自己年紀不同的人，如果無法盡早融入這樣多元化的環境，孩子在之後的人生旅程上便會受到許多挫折。這也是為什麼我決定讓孩子就讀蒙特梭利幼兒園的原因，因為蒙式教育不像傳統的幼兒園以年齡做分野，劃分成大班、中班、小班、幼幼班等，而是採混齡教學形式，我認為這對孩子日後的人際關係有很大的助益。

其實身為爸爸的我在老大還是獨生子的前三年，並未注意到老大個性上有任何不妥，但是當更小的孩子們相繼出生以後，我開始發覺老大性格較為自私的一面。舉例來說，老大會將自己愛吃的零食藏起來，不讓弟弟們找到；又或是早上起床後，我會讓他們吃益生菌，但老大打開冰箱總是只拿自己的一包，若非我特別提醒「既然開冰箱了，也幫弟弟們拿一包吧」，他常常會忘記幫弟弟順便拿。

之後我想了想，這樣的行為不只發生在他身上，其實我自己也不斷地在犯諸如此類的毛病。我自己是家裡面的大哥，有一個小五歲的弟弟。我們兄弟倆都成家了。週末回我爸媽家吃飯時，我通常只會買一杯咖啡，邊喝邊走進家門；相較之下，我弟弟則會買「全家人的咖啡」，連我太太的份也有，非常貼心。我想可能是因為身為家中老大的我們，在生命開始的前幾年中都是獨生子女，不用考慮到其他人的感受，就能得到所有的關愛和照顧，但弟弟妹妹們從小就知道自己不是唯一，上頭還有哥哥或姊姊，必須懂得分享才能生存，家庭排序上的差別造成個性上的不同，因此我認為，孩子們必須從小開始練習心態調整，否則這樣的性格只會隨著年紀增長愈來愈難改變。

讓兄弟姊妹們自己發揮獨生子女沒有的優勢

我通常會讓三個孩子間保持著「競合關係」，讓他們既競爭也合作。比如說當孩子表現好時，我會帶他們去超商買零食，並告訴他們：「三個人可以各挑一樣，但是不能重複。」這時候就能觀察到有趣的現象——老大會推薦老二買某種餅乾，但其實那是老大自己愛吃的，如此一來回家時他便可以吃到兩種餅乾；當然弟弟們也不是省油的燈，會回應「這是我要買的，為什麼要給你吃？

那我也要吃你的」。這樣的刺激，無形中就讓他們養成重視自己權益、討價還價的能力，達成溝通學習的一小環節，而這種能力的養成不是爸爸媽媽口頭教育就能達成，可以說是有兄弟姊妹的孩子們，得天獨厚的優勢。反觀身為家中大哥的我，買東西時就從來不曾殺價，即使是地攤貨也一樣，如此性格放大來看，於商業社會中就是一種弱點，因為你不懂得去爭取自己的權利。

然而即便是獨生子女，也不一定如大家刻板印象所想的天生就比較自私或孤僻，因為研究指出，爸媽的教養方式正確與否，對獨生子女的影響佔有舉足輕重的地位。若要減少獨生子女因沒有兄弟姊妹所產生的人際關係問題，其實爸媽也能透

過一些簡單的手段來消弭劣勢，比方說，給孩子多點和表／堂兄弟姊妹相處的時間，學會一些人際互動的概念，如此一來多多少少也可以彌補他身為獨生子女所衍生的問題。

	優勢	劣勢
獨生子女	創意層面表現佳	人際關係與溝通能力較薄弱
有兄弟姊妹的孩子	人際關係、溝通能力表現佳	創意表現較不如獨生子女

要以身作則，別光想著如何說服另一半生二胎

這是許多夫妻間都會碰到的狀況，當一方有生二胎的意願而另一方沒有時，就要先釐清為什麼另一半不願意再生。可能的原因通常有兩種：❶經濟問題，覺得無法負擔二胎後衍生出來的開銷；❷照顧問題，覺得人力不足，無法分神照顧更多的孩子。無論是上述何者，我都建議若你是比較想生第二胎的那一方，一定要主動一點，用行動來讓對方深刻感覺到多寶家庭的好處，而非只動口說服。

如果是考量到經濟問題，你的做法可以是在有意無意間，帶另一半到有兩個孩子的同事／朋友家裡，不用說服的方式，而是讓他（她）親自去感受有兩個寶寶在家中會是怎樣的氛圍，刺激他去思考，如果他也喜歡有兩個孩子的環境，或許經濟問題是可以被克服的，比方說做點小犧牲（控制

物慾），討論如何開源節流，只要彼此對再生孩子的意願是正向的，且做過審慎評估與理財思考，

我認為多寶家庭對孩子人格發展絕對是利多於弊。

另一種考量就是照顧的問題。我必須說，這種問題通常都是肇因於「男方想生，但女方無力再照顧」。這類的太太並非不想生二胎，只是他們感受不到丈夫有分擔責任的意願。所以，與其費盡心思與口舌在妄想說服太太上，先生們不如從現在起表現出你的責任感，多多照顧家中的老大，讓太太看到你的努力，行動勝於雄辯，慢慢地她也就愈來愈有勇氣再挑戰二胎了。

多寶家庭的酸甜苦辣

很多人知道我有三個小孩，而且皆為男孩，都會問我為什麼有勇氣生三個？我和太太結婚時，其實就希望能有兩到三個孩子，因為我們兩人的原生家庭都是多寶家庭，我自己家裡有我和一個弟弟，太太家裡則是有三個小孩，我們都覺得成長過程中有兄弟姐妹的陪伴挺好的。例如前幾年我媽媽罹患癌症，在治療的過程中，醫師提供家屬很多醫療的選擇，有做放射性療法、切除，或是藥物治療，當時我真的很慶幸有弟弟能跟我商量，不用一人承擔所有決策的壓力。

隨著家中每隔兩、三年就有一個孩子出生，雖然帶孩子的過程很辛苦，常常睡眠不足，但是現在回頭看看，大寶也都十歲了，真的是甘甜多於苦澀。尤其看到三個孩子玩在一起，或是偶爾有一些比較親暱的舉動，睡覺前童言童語互相聊天，內心會感到相當地甜蜜。

手足間的年齡差距

我們家老大和老二差三歲，老二和老三差兩歲。三個預產期都是雙魚座，只有老二比較不聽話，偷跑變成水瓶座。雖然三人年齡沒有相差太多，但老大和老二比較玩不太起來，老二和老三卻

相當玩得來，這個「玩」並不是單指心平氣和的玩，而是會吵、會打鬧。或許因為老二和老三的心智年齡比較接近，所以喜歡的東西也差不多。

建議將來若是想要生兩個或兩個以上小孩的家庭，孩子間的年齡不要差距太大。差兩歲左右算是比較恰當的距離，媽媽也可以休息一下，因為生完又馬上懷孕，其實也很傷母體。

愛的處方箋，爸媽可以這樣做！

Q 當家中迎來第二胎時，如何向大寶做心理建設？

當太太確定懷了老二之後，我們就開始對老大「洗腦」，和他說：「弟弟是誕生下來陪你玩的，他很喜歡跟哥哥玩。」所以我們會讓老大貼著媽媽日漸隆起的肚皮跟弟弟講話，拿手電筒照弟弟，感覺胎動……。

接近預產期的時候，我跟太太聯合演了一齣戲。有一天，我們帶著老大去百貨公司，告訴他弟弟想要送他一樣玩具，他可以選好之後告訴弟弟，等弟弟出生時就會帶著這份禮物來到這世界上。哥哥還天真地說：「喔，難怪媽媽的肚子越來越大，原來還要裝玩具呢！」透過這些心理建設，哥哥對於弟弟的誕生不但不會吃醋，而且充滿期待。

手足間的糾葛最傷爸媽的心

有了多寶後，我深刻體會到當了爸媽的人，最不願看到的就是孩子吵吵鬧鬧，甚至把對方當作欲除之而後快的對象，手足間長大後老死不相往來，互相仇視，這會成為爸媽心中的遺憾。

孩子未來能否有很大的成就，做爸媽的不敢奢望，但至少希望手足情深，遇到任何困難可以互相商量。每個人的人生總是有高低，若其中一個手足有困難的時候，另外一個可以伸出援手，相信爸媽看到這一幕一定備感欣慰。

愛的處方箋，爸媽可以這樣做！

Q 手足情深不是天生，爸媽可以從小如何培養？

手足之間有一些良性的競爭，對於孩子的性格發展是健康的。但是何謂「良性」競爭？我認為一言以蔽之就是「各有擅場」。所以孩子們從小我就特別觀察他們先天的優勢，針對性地培養他們的興趣愛好。例如老大邏輯思維強，但害羞、運動細胞差，我就培養他學習數學、玩魔

術方塊。老二擅長表達、運動細胞強，但是沒耐心，我就培養他畫畫、乒乓球等各類運動。即使學音樂，我也讓三兄弟學不同的樂器。老大學低音大提琴，老二學小提琴（打算讓老三學鋼琴，以後組個三重奏）。希望孩子們能在各自小小的領域覺得自己比哥哥弟弟強，但是又能彼此合作互補，在大領域發光發亮。

Q 當手足爭吵時，爸媽該如何從中調停？

這時候當爸媽的本能幾乎是立即插手調停。但是過往太多次的經驗告訴我，更好的處理方式是「讓子彈飛一會兒」。在爭吵中處於弱勢的孩子（但不一定是對的那一方），自然會跟爸媽告狀，這時候爸媽如果沒有完整了解事情的來龍去脈就插手處理的話，很難保證處理公允，更會讓孩子們認為你偏心。因此最重要的第一步是從孩子們的爭吵話語中，聽出蛛絲馬跡。

第二步，給孩子們幾個選項，例如和孩子說：「你們是要輪流分享玩具，還是馬上暫停玩耍都去做功課？」最後當孩子們都心平氣和之後，再跟孩子們談談剛才發生了什麼事情？以後如何能避免這些不必要的爭端。

多寶家庭教養上的煩惱

每個孩子的個性都不一樣，即使是同卵雙胞胎也一定有所不同，因此在多寶家庭中，爸媽最常有的煩惱如下：

第一、如何因材施教？
第二、如何做到公平？

如何因材施教？

關於因材施教，可參考P.102與P.130兩篇，在此我們談談「爸媽教養時，對因材施教最容易產生的迷思」。首先，有些爸媽容易在手足間互相比較（或和別家孩子比較），認為自己的孩子也應該要一樣優秀，但是大家通常都只有看到結果，沒有看到別人成功背後的過程或偶然性。每個人的表現都受到兩個因素的影響：先天和後天。先天是基因遺傳的影響，後天則是家庭環境或學習方法等因素。因此爸媽不應把偶然當成必然，否則容易犯了拿同一個天秤比較不同孩子的錯誤。

另一個做爸媽應該要突破的，就是傳統儒家「萬般皆下品，唯有讀書高」的思想，這不屬於這個世代的觀念。過去我們認為小孩不應該整天打電玩，應該把心思放在課業上，想不到他出國比賽拿到亞洲冠軍、世界冠軍，成為電競選手。於是現在愈來愈多的師長、爸媽也發現孩子的出路可以很多元，得到電玩冠軍的人回國後，也可以在電玩公司當研發人員，喜歡搞笑的孩子，長大後也可能成為YouTuber網紅。

社會本來就需要分工合作，何況現在分工愈來愈細，例如去美容院剪髮，會發現有人負責剪，有人負責洗，還有人負責做指甲，小小的美容院就有如此多樣的分工，所以我認為只要孩子的興趣在未來可以成為發揮潛能的謀生工具就很足夠，讀書並不是唯一的路。例如我家老大，他的優點是邏輯性很強，個性謹慎小心、不容易犯錯，或許未來當律師、會計師、精算師……都很適合。老二性格樂觀、長袖善舞，日後適合從事與人相關的工作如業務、公關等。

每個孩子都有自己的特長，爸媽可以從他們的成長過程中認識他的潛能。例如我會發現老大的邏輯很強，是在他四歲的時候。有一次我從上海出差回來，去幼兒園接他下課，我牽著他的小手走在回家的路上，問他：「看到爸爸回來，你開不開心？」他有些靦腆地點點頭，接著向我問了三個問題。第一個問題是：「爸爸，世界上有沒有人一輩子都沒

有出國？」我回他：「有啊，很多人一輩子都沒有出國過。」第二個問題是：「爸爸，那我們家裡面有沒有人都沒有出國過？」我回答：「有啊，你高雄的阿公阿嬤都沒有出國過。」他前兩個問題都只是鋪陳，真正犀利的在第三個問題，他問：「爸爸，那你以後可不可以都不要出國？」

我當時便驚訝兒子才讀小班，就已經能從全世界、我們家裡、你，非常有邏輯地把我套入他的問題中。當然，這是個開心的發現。很多爸媽常問該如何發現孩子的潛能，其實孩子的特質大都是天生的，只要爸媽花時間多和孩子有這種交心的時刻（多和孩子聊聊天），就一定能發現他獨特的特質，並朝著這些方向給予針對性的培養和訓練，這朵花就會開得比其他朵快。例如我發現老大邏輯性很強，便為他在學校選修魔術方塊，以及學習為小朋友開設的電腦程式語言。

許多爸媽希望孩子在各方面都能有好表現，會想要截長補短，例如孩子太內向，就幫他補演講；孩子太活潑，就讓他學靜坐或書法，這麼做反而讓他學習的方向和自己的天性180度不同，學習過程充滿挫折，對孩子和爸媽都很痛苦。建議爸媽可以走中庸之道，比方說孩子太活潑好動，那麼就要求他上課專注一點，下課的時候活潑並沒有關係，不一定要把他塑造成一個百分百完全專注、穩定的小孩。

如何做到公平？

如果問我對家中三個小孩有沒有偏心，我會回答「有」，但我的偏心不代表不公平。老實說，我對老二比較偏心，因為三個小孩中，只有他是早產兒。我本身個性又比較偏袒弱者，因此我關愛的眼神總是望向他。

老大出生的時候有3600公克，老二卻不到2000公克，幾乎只有哥哥的一半，一出生就送到嬰兒加護病房，在保溫箱住了一個月才回家。還記得老二剛出生那幾天，我只要去醫院都很難過，因為他實在太嬌小了，小到嬰兒室提供新生兒穿的棉衣都太大穿不住，只有穿一個尿布。他身上插滿各種管子、照黃疸，看起來又黑又瘦，我每次探望時間去看他都忍不住眼眶泛紅。

當時去看老二的時候，我從保溫箱的洞把手伸進去，讓他的手抓住我的小指頭，輕輕和他說：「弟弟，不要擔心，爸爸會一輩子罩著你。」醫生也警告我們早產兒容易有聽力、心臟等問題，要等檢查結果出來才能排除，我和老婆聽了心裡忐忑不安。後來慢慢隨著孩子體重增加，可以靠自己的力氣不用再戴氧氣管，我們心中的大石頭才放下來。

我印象最深刻的畫面是待在嬰兒加護病房一個禮拜後，隔壁床送進來一對三胞胎，每一個都差不多800克。三胞胎的奶奶看著孫子，又看看我們家的老二，說道：「你們家的寶貝好大隻喔！」當時我轉念一想，原來我家二寶是「比上不足，比下有餘」，便回到太太的病房和她說：「老婆，我們的小孩是巨嬰耶！」

現在老二已經七歲了，雖然在同年齡的孩子中看起來比較嬌小的，但是運動神經很好，也是三個小孩子裡最好的。他的興趣很廣泛，喜歡音樂、跳舞、冰刀、直排輪、跑步、棒球、躲避球、騎單車……這對我來說就是很大的欣慰，因為他很健康，我相信只要照顧好他的營養、睡眠，以及運動方面，就算以後長大個子嬌小一點也沒關係。

很多爸媽容易把「公平」和「相同」畫上等號，其實兩者不太一樣。「相同」是所謂起跑點的相同，例如弟弟有一根棒棒糖，那麼妹妹也要有一根棒棒糖。但說不定妹妹比較喜歡冰淇淋，不喜歡棒棒糖。所以給予相同的東西不代表公平，應該根據孩子不同的需求，各自給他們想要或是不想要的東西。爸媽應該先釐清這個觀念，才不會容易覺得自己對孩子不公平。

我對老二的心態是從同情到保護，但最近也在反省自己教養方式應該要修改一下。其實小孩非常聰明，知道若是和哥哥、弟弟做一樣的錯事，但是爸爸對自己的處罰比較輕，他會開始恃寵而嬌。但事實並非如此，兄弟三人的處罰方式有所不同，是因為我知道三個孩子的個性不一樣，因此當他們做錯事時，我會用不同的方式對待他們。

舉例來說，老大因為個性比較謹慎內向，所以不需要責罵，只要給他一個比較嚴厲的眼神，他就會難過到快掉眼淚。對老三則要像一般的爸媽一樣，要常常念他、提醒他。那老二呢？我試過罵他、罰站都沒有用（我們家不打小孩），後來我發現最有用的方式就是忽略他，讓他感覺到被冷落。

用不同的教養方式不等於偏心或不公平，因為每個人受教的方式不一樣，就算用一些差別待遇，但目的是都是希望改掉他們不好的地方，培養好的習慣。

多寶家庭的夫妻如何創造有品質的時光

夫妻之間創造有品質的時光是必要的，因為在多寶家庭裡的夫妻兩雙眼睛時時刻刻都看著小孩，而不是看著彼此。除了帶小孩，還要兼顧工作與家務，容易忽略彼此最近發生什麼事，久而久之就會變成最親近的陌生人。

近年來常常可看到「熟齡離婚」的現象，不少邁入五、六十歲的夫妻，因為進入空巢期，面臨工作退休，孩子向外求學或是發展工作之後，和老伴在家大眼瞪小眼，愈看愈不順眼，覺得過去十幾年和對方的發展與成長都是一片空白，甚至也會覺得要更愛自己，或是覺得對方不愛自己。其實這些事情都可以避免，但冰凍三尺非一日之寒，夫妻感情的維繫不應該等到孩子長大了以後才做。

創造夫妻有品質的時光有很多方法，例如許多人為了照顧孩子，經常會壓縮兩人獨處的時間，若家中長輩偶爾幫忙帶小孩，夫妻可以利用這些時間逛逛街或看個電影，給自己一個喘息的空間。此外，現今社會大部分都是雙薪家庭，夫妻可以每兩個禮拜或一個月去對方公司附近有一次午餐約會，或偶爾溫馨接送情。這些都是需要計劃的，雖然實行起來有點累，但收到的回饋一定加倍有感。

案例收錄

夫妻教養理念不一樣怎麼辦？

曾經有一對夫妻來找我諮商，先生問太太：「你對我有什麼不滿的地方？」太太回答：「事情都是我在做，但話都是你在講。」太太舉例前一晚上為了獎勵孩子吃飯吃快一點，她對孩子說只要快點吃完就帶他們去社區的游泳池游泳。果然孩子吃飯吃得比平常快，太太便帶孩子去游了45分鐘回家，再練琴、洗澡、睡覺。

後來先生回家，詢問太太當晚怎麼顧孩子，太太就說她晚上陪孩子先吃完飯，然後去游泳，回來再練琴，最後洗澡、睡覺。先生聽了臉色一沉，就說：「不對啊！你應該先讓他們在家裡練琴，然後再帶他們去游泳，在那邊可以順便洗好澡，回來就睡覺。」雖然先生說的沒錯，但這是很理想化的。太太過程中情緒很不好地說：「這過程都是我在帶，我是做事的人，這四件事情我不是都完成了嗎？為什麼你一回來就批評我方法不對？」

關於案例，我是這樣想的

這是多寶家庭裡面夫妻常常會碰到的一種問題，我建議的原則是「永遠都要尊重那個做事的人」，因為他是站在第一線去處理孩子的情緒和需求，當下一定有很多他的考量，這不是非現場的人可以解決的。以上述案例來說，先生回到家應該稱讚太太今天晚上把孩子們的生活安排地很豐富，吃飯吃得又快，既有練琴又有游泳，也有準時睡覺，應該給太太一個讚，而不是反過來批抨他順序上的這些小事情。

隔代教養的優勢與劣勢

提到隔代教養，許多人對於這個名詞常有負面印象，容易讓人聯想到「不負責任的父母」、「缺乏和爸媽正常互動機會的孩子」、「祖孫隔閡」或「過度溺愛」等等，但這些並非隔代教養的全貌。事實上，我們也常能從新聞中，看到隔代教養環境成長下的孩子擁有更獨立、更刻苦耐勞性格的例子，加上現今台灣家庭組成多是雙薪夫妻，如果沒有爺爺奶奶的協助，保姆費用、安親班費用又是一筆不小開銷。因此，如何發揮隔代教養的優勢，並降低其劣勢，是諸多父母不得不面對的考驗。

隔代教養的優點

先說說隔代教養的優點。由於爺爺奶奶不像疲於工作的爸媽，在回家後往往筋疲力竭，只想快點哄孩子休息睡覺，無力多陪伴一秒，爺爺奶奶們可能已經退休多年，或者即便有工作也到了屆退之年，因此有更多時間和耐心分配給孩子，讓孩子得到更多的照顧。

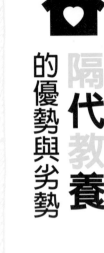

再者，因為孩子體力旺盛好動，爺爺奶奶就必須帶著他們出門玩，使得老人家們不會成天窩在家中，而是走出戶外，與其社區的人互動交流。一方面，小孩子的體力得到抒發，另一方面長輩們又可以讓生活圈大大拓展，添增新的色彩，無論身體、心靈還是人際層面都能提升，更甚者，還能讓他們從頭年輕過一遍，彌補一下當年因工作而無法全心全意陪伴孩子成長的遺憾，其實不管是對小孩還是長輩們都是相得益彰的結果。

不過在這裡要注意的是爺爺奶奶的健康。因為帶小孩是件很累人的事情，所以要讓他們有適當的喘息機會，有時將孩子帶開爺爺奶奶身邊，反而有一種小別勝新婚的新鮮感（可能一個週末沒有看到孫子就開始想念了）。隔代教養的意義並不是把所有的責任都丟給爺爺奶奶去承擔，而是應該互相配合，讓彼此都有一些喘息機會，也可以讓爺爺奶奶的健康不必承受過大的負荷。

隔代教養常發生的問題

隔代教養固然能幫忙夫妻分擔壓力，但其依舊會帶來一些負面問題，比方說最常見的「管教衝突」、「溺愛問題」、「缺乏安全感」、「分離焦慮」。

管教衝突

大人之間的管教衝突往往沒有誰對誰錯，僅是觀念上的歧異，例如吃飯這件事，爺爺奶奶總是要求孩子一定要把飯吃完，但孩子實際上並不餓，所以開始鬧脾氣，此時對父母而言反倒覺得「吃不下就是不會餓，再餓也不會餓死」，所以就產生了衝突，爸媽們覺得爺爺奶奶管太多，爺爺奶奶又覺得自己是為了孩子好，雙方都認為自己才是對的，自己才是真正為了孩子好的心態下，這類管教衝突當然屢見不鮮。

其中還有一種常見狀況，是爺爺奶奶會對爸媽說：「我比你有帶小孩的經驗，應該是我教你怎麼帶小孩，而不是你來檢討我！」或是：「我就是用這種方式把你帶大的，你有出什麼問題嗎？沒有嘛！那就照我的方法做不行嗎？」相信看到這些話，很多為人父母的都心有戚戚焉吧，但畢竟現在年輕一代的父母已不再仰賴書本、經驗教養孩子，而是按照網路的資訊來做，如果小孩子出問題，就趕快在網頁上輸入關鍵字來獲取答案，然而網路資訊眾說紛耘，又沒有一個「一槌定音」的權威解釋，許多人養著養著，愈養愈焦慮，長輩們提供意見，又讓人覺得「這是過時的、上個世紀的教養方式」，如果一不小心投以不屑的眼光，衝突就開啟了。

我認為在這種狀況下，最大的原則應該是「尊重主要照顧者」，只要他不要違背一些科學育兒的原則（例如小孩生病，不帶去看醫生，只在廟裡拜一拜就覺得沒事了），建議還是得尊重主要照顧的人，畢竟教養這種事，出一張嘴很簡單，做起來卻比登天還難。

我家的老三出生後的前面四個多月，是麻煩我南部的岳父母照顧的。偶爾有發燒情況時，老人家總是去草藥店買一些中藥材回家煮水後，幫孩子擦澡。如果再沒效，就拿孩子的貼身衣物去廟裡收驚。這時遠水救不了近火的我跟太太，總是會很擔心孩子的病情會不會惡化……後來，我們想到一個方式，就是如果小孩發燒時，請岳父母每兩個小時測量一次孩子的耳溫。超過38.5度就請他們一定要帶孩子去診所或醫院。

後來老三我們接回台北照顧之後，岳父母偶爾還是會寄一些中草藥給我們，囑咐如果小孩發燒，一定要煮草藥幫孩子擦澡。我其實心裡一點也不排斥，因為這是他們表達對孫子愛意的方式，如果不接受，其實對老人家是很殘忍的。

溺愛問題

再來則是溺愛的問題，一般來說，隔代教養會比爸媽親自教養更容易溺愛孩子。例如孩子在外面看到玩具，會開始向大人要求購買，通常年輕的父母在這個狀況下會說：「家裡已經有很多玩具了，你都不玩，所以我不買。」或者早在出門前就聲明：「我們今天出去玩，玩具看看就好，不買」，讓孩子一開始就打消念頭。但同樣的的狀況，發生在爺爺奶奶在場時就會是另一個故事了。

他們可能會說：「又不是很貴，給他買嘛！」、「爸爸媽媽不買，爺爺奶奶買給你」，他們容易屈服於小孩子鬧脾氣的情況，選擇以安撫或縱容的方式來滿足他。長期下來孩子就懂得「柿子挑軟的吃」，在爸爸媽媽面前表現是一套，在爺爺奶奶面前表現又是另一套，更糟糕的是還可能在爺爺奶奶推波助瀾下學會隱瞞和說謊（像是爸媽不讓小孩吃糖，但爺爺奶奶偷給孩子吃，還要孩子別跟爸爸媽媽說），久了以後，便容易影響到孩子的性格，自控能力也會變差。

缺乏安全感

心理學上的研究顯示，一個小孩的安全感，是建立在零到三歲的依附關係上，因為這時小孩子還不太會表達，如果在此階段主要照顧者非常頻繁地變換——白天爸爸媽媽上班，由爺爺奶奶照顧；晚上爸爸媽媽下班回家，於是爸爸媽媽接手；週末又到了外公外婆家，讓外公外婆帶著，這樣對孩子來說就有三個照顧方，加上還可能會有保姆阿姨、偶爾託付給自己的兄弟姊妹的情形……如此環境下，其實一個三歲以內的孩子是很無所適從的，他無法建立起一對一的依附關係，覺得自己的世界一直在變化，所以這種不安全的關係在長大後也會加深其不安全感，是比較需要父母注意的地方。

當然礙於現實，我們不可能要求父母二十四小時陪在孩子身邊，因此我們能從一些小地方做起，譬如藉由提醒的方式讓孩子得到安全感，在他們要睡覺時說：「爸爸媽媽明天早上會去上班，但是當你下午在吃點心的時候，我們就會回來囉！」先做好約定，不管結果他們會哭鬧或不願意，他們還是意識到了「爸媽要出門，但下午就回家」這件事，接著按你答應的時間，有規律地出現。也可以跟孩子約定很規律地共同去做一些事情，例如週六早上一起上市場買菜……這些小動作，都可以讓小孩與你建立起依附關係，減輕他的不安全感。

分離焦慮

隔代教養還有一個常見狀況，就是「天下無不散的筵席」，如果爸媽將孩子託付給爺爺奶奶，幾年後後孩子年紀較大了，要上學，或者父母想接回去工作地點自己教養時，孩子就得面對「和爺爺奶奶分離」的問題，令人產生焦慮感，而這種焦慮感不只發生在孩子身上，它同時也會影響爺爺奶奶和爸媽。

分離對於爺爺奶奶來說，會有一種被剝奪的感覺，畢竟從孩子還小到現在，自己那麼用心地照顧，現在爸媽媽一句話就要把孩子帶走，失落感是一定會有的，那麼長時間以來的生活重心就是繞著小孩轉，現在重心頓失，自己年紀也老了，心裡勢必會受到不小打擊。

對於孩子而言，生命中的前幾年都與爺爺奶奶共同生活，難得見一面的爸爸媽媽，可能比街坊鄰居還更像陌生人，然而從現在起卻要住在一起，和過往的主要照顧者們分開，一定也需要時間來適應。我弟弟就是一個例子，當年我母親生完弟弟後身體不太好，無法同時照顧兩個孩子，因此就把弟弟送回澎湖娘家，直到快上小學、相當於六歲年紀的時候才送回台北。

弟弟剛回台北的前一個月幾乎都在哭，不斷吵著要找外婆，我記得頭幾個晚上爸媽還會很有耐心地哄他，但過了一星期之後，我爸就不耐煩了。他大聲對弟弟說：「這裡才是你的家。」可是這不對呀！對弟弟來說，澎湖外婆家才是他的家，但是他年紀小、不理解，只好用哭來表達。隔代教養後的分離焦慮影響有多少，其實見仁見智，有些孩子即便長大後多年，對於原生家庭還是會有隔閡，有種不夠親密的感覺，或是會在心中質疑：「為什麼爸媽小時候不把我帶在身邊；為什麼我和爺爺奶奶那麼好，卻要把我帶回來？」每個孩子適應狀況不同，當然也有成長以後，這段記憶對他毫無影響的例子。

最後，隔代教養的分離，也會使爸媽本身受到波及，即便對他們來說，孩子與自己是「重聚」而非「分離」，但有些人會產生愧疚感，認為不論什麼原因，自己總是愧對這個孩子，讓他們從小不在自己身邊，於是就積極地要補償孩子，無條件地順從、溺愛他們，這其實也會對孩子心理造成微妙的影響。

找到祖父母/父母/孩子三方的平衡點

有鑒於前面提到的隔代教養缺點，我們知道爸媽和祖父母間應先溝通過教養的方式，接著再實行，如此對孩子的成長過程才能產生正面影響。但所謂「知易行難」，真正能達到這樣境界的家庭實在寥寥無幾，所以我建議無論如何身為爸媽的自己，一定要認清一個現實——**父母是來管教小孩的，祖父母是來寵愛孫子的**。認清這樣角色的差異後，我們就比較不會強迫要求對方去做不屬於他分內的工作。

比方說，在我年紀還小的時候，只要碰到放寒暑假，就會很想要去爺爺奶奶家玩，因為平時家裡不能做的事情，在爺爺奶奶家都可以做，簡直就是「法律假期」啊！而這些光陰後來也成為我珍貴的童年回憶。但是，我們並沒有因為爺爺奶奶對我們的寵愛而學壞，因為我的爸媽非常清楚，把我們交付給爺爺奶奶這段時間，就是要他們寵我們、愛我們，至於教養，則是父母自己的責任。當心態擺正以後，父母就不會說出：「小孩沒有教好，都是因為你們太過寵溺了」這種不負責任的話。

教養男孩／女孩的幾個黃金準則

前幾年流行過一句話：「女孩要富養，男孩要窮養」，我個人非常不贊同。因為我認為不論男孩或女孩，都一定要有「教養」才行。不過男孩和女孩所需的教養，確實有些有共通點，而有些則不一樣，加上男孩性格和女孩性格間的差異，致使我們在教養時，會衍生出一些針對性別作出調整的手段。

為什麼男孩／女孩會有性格上的差異

「男女性格上的差異是天生決定還是後天影響？」為了得知這個答案，許多人會研究不同性別孩子的行為，並藉此加以比較。過去曾有個特別的研究，實驗者以年紀很小的恆河猴為研究對象，並給予牠們不同的玩具，其中有我們人類所謂的雄性玩具（如球、汽車、機器人），另一些則是雌性玩具（像洋娃娃、絨毛玩具或扮家家酒的道具），這個實驗在人類小孩的身上做觀察並不一定準確，因為我們容易用主觀的角度提供相對應的玩具給孩子（男孩就買車子、女孩就買布偶），導致我們不易區別他們選擇原因屬於先天還是後天，但猴子就不一樣了，對猴子而言他們眼裡沒有所謂的「雄性玩具」或「雌性玩具」，是更加公正的實驗狀態。

這個實驗的結果非常有趣，實驗者發現小公猴的確會花比較多時間去玩球和車子，而小母猴則較會受洋娃娃和扮家家酒玩具的吸引。因此似乎可以在這個實驗中得到一個結論，那就是「性別確實會影響動物的行為」，而猴子的基因又和人類相似，透過這種性別特徵的區別，可以間接說明人類男孩女孩喜歡的東西，天生就是不一樣。

無論男孩女孩都該養成的共同特質

即便男孩和女孩的大腦天生就會使彼此的性格行為產生差異，但無論性別為何，他們終得要適應這個社會、適應這個花花世界，因此有一些性格特質是我覺得無論如何都應從小好好養成的，分別是：❶誠實；❷勇敢；❸適應性。以下我們將簡單說明。

必備共同特質❶：誠實

第一個必備的共同特質，我認為是「誠實」。這裡說的誠實不僅僅是面對別人，還有要面對自己，尤其是能否正視自己的缺點或性格上的弱點。對自己百分百誠實的孩子，會更了解自己，懂得反省並且激發改變的意願，不會自欺欺人。如此一來也會更有動力去進步，使自己一天一天成為一個更好的人。

必備共同特質❷：勇敢

第二個共同特質，是「勇敢」。很多人說男孩應該比女孩更勇敢一點，我並不認同。我認為勇敢是一種「探索未知的勇氣和信心」，因為未來世界變化很大，改變的幅度和頻率一定會比我們這一代來得更大更快，加上科技不斷進步，挑戰也較過往更多，未來可能有些工作在三、五年間崛起，然後又在一、兩年後消失，因此他們必須要有隨時去探索新領域的勇氣才行。

必備共同特質③：合作

最後一個共同特質是「合作」。這當然也和這個世界變化得太快有密切關係，其中亦包含了和不同文化的人溝通的人際能力等等，適應性是孩子們未來重要的軟實力，如何勇敢面對各種挑戰並生存下去，合作絕對是個必要的特質。

未來世界瞬息萬變，除了上面三種特質外，我們也應該要養成孩子對這個世界的觀察力，且由父母以身作則，打破常規思考模式（例如士農工商的排序；萬般皆下品，唯有讀書高的迷思）。未來獲得知識的方式將大大改變，所以我覺得父母更重要的是教導孩子如何學習（How），而不僅是學習什麼（What），如此孩子獲得知識的效率才會變好，也才會儘早獨立學習與成長。

男孩／女孩特質養成的方法差異

前面我們提到無論男孩女孩都該養成的特質，接下來，我們要講講養成這些特質的方法。由於男女天生性格的不同，爸媽也可以因材施教，針對不同性別的孩子給予不同的手段，效果可能會比你想像中來得好。

「勇敢」就這樣養成

・男孩要勇敢——利用競爭心理

儘管不是每個男孩個性都一樣，但受先天基因的影響，男孩們還是會有些共同的氣質，例如「男孩天生更喜歡競爭」，所以若想教一個男孩勇敢，我們就可以善用他們比較喜愛競爭的心理。譬如，當家中的男孩是哥哥時，可以拿他和別人比較，在有弟弟妹妹在的場合上，對著他說：「你看你是哥哥，所以可不可以自己走路去學校？」通常男孩子在得知「我是哥哥，我比較大」這類訊息時，為了表現出較優秀的感覺，就會順著你的心意去行動，如此一來，也就比較不會抗拒你提供給他的種種挑戰，藉此養成勇敢的性格特質。

・女孩要勇敢——透過合作方式

相對男孩喜歡挑戰，女孩則比較傾向合作。當你要調教一個女孩子，讓她變得更勇敢時，就讓她們合作，一起去完成某一件事情。例如，當女孩不敢在安全的路線上走路去上學時，你可以安排她的朋友，又或者是鄰居一同走路去上學。女孩子喜歡合作的感覺，一旦有了合作的情境，她們就會萌生更大挑戰的勇氣，藉此慢慢變得勇敢。

「誠實」就這樣養成

・男孩要誠實——利用鼓勵

男孩的好勝心強，說謊經常是為了維持自己在父母面前的好孩子形象，不希望自己承認錯誤後被認定是壞孩子。父母只要參透他們的這種心理，可以先不戳破他們說謊，而是溫和而堅定地向他們保證如果他們能選擇誠實以對的話，你會更欣賞他。比起不犯錯的小孩，爸媽更喜歡知錯能改的小孩。

・女孩要誠實——透過關係

女孩重視人際關係之連結，這種連結特別重視彼此的信任。一旦這種信任被背叛，她們需要花費比男孩更久的時間與更大的心理能量，方可恢復彼此的情感。因此，向女孩闡述不誠實的後果（妳將會失去爸媽對妳的信任），對她們特別有嚇阻的作用。

「合作」就這樣養成

・男孩要合作——強調目標

根據人格心理學的研究，大多數男孩是所謂A型人格（Type A personality）亦即個性急躁、目標導向。對他們來說，贏得獎杯遠比贏得友誼來得重要，因此傾向於單打獨鬥。但是如果他們發現必須透過合作才能贏得比賽，他們會更傾向於合作。

・女孩要合作——強調過程

大多數女孩是所謂B型人格（Type B personality）亦即個性溫和、過程導向。對她們來說，原本贏得友誼就遠比贏得比賽來得重要。這時，如果在合作的過程中加入一些趣味的元素，強化她們彼此間的情誼，會讓女孩們更喜歡與他人合作。

爸媽對不同性別的孩子也會產生不同的影響

著名心理學家佛洛依德是家中的長子，他的媽媽非常地寵愛他，甚至到了溺愛的程度。後來有人問他：「媽媽這麼寵愛你，對你有什麼影響？」他這麼回答：「如果一個男孩從小就相信自己是媽媽最疼愛的一個小孩，他長大之後幾乎無所不能。」

這是佛洛伊德自我剖析小時候媽媽的溺愛、寵愛對他長大後的影響，他認為這個影響是好的、正向的，我想他童年時睡前媽媽應該在他耳邊說過無數次「你是媽媽最愛的寶貝」；反觀佛洛伊德並沒有提到他的爸爸，這不一定表示他爸爸不愛他，而是在佛洛依德的心中，爸爸對他的讚美和媽媽對他的讚美是不一樣的。

父母在孩子心中，即便是同樣一句讚美／責罰的話，對他們的感覺都是不一樣的。而這些不一樣會隨著他不同的成長階段，從幼兒到童年、童年到青少年時期等產生微妙的比重差異。例如在幼年時期，孩子會比較傾向依附在主要照顧者身上，所以多以主要照顧者為學習榜樣。

爸媽和孩子不同的互動方式，也處處在塑造孩子的個性，例如你可以觀察到爸爸出差回到家時，小孩子會朝他撲過來，而爸爸接著便一把將孩子抱起來，往上一拋，讓小孩感到開心；但同樣的狀況下媽媽的應對方式完全不一樣，如果媽媽出差回來，在很久沒見到孩子的情況下，她可能會蹲下來抱抱孩子、親親他們。

不同的行為對孩子的刺激都不一樣，而孩子就會在這些行為中受到制約與期待，這種制約和期待，滿足了孩子對爸爸媽媽的不同需求，像是「爸爸總會給我一些刺激感，提供一些新奇好玩的體驗」、「媽媽總是給人安定的力量」。所以便會衍生出孩子會對爸爸說「今天要去哪裡玩？」而對媽媽則是「今天晚餐吃什麼？」的差異。這兩種不同的需求或能量，都是小孩子需要的。

除此之外，同性間的仿效學習也是爸爸媽媽可以提供給孩子的重點之一。像我兒子就對我的工作有很大的興趣，常想去我工作的場域看看，反之對我老婆的工作就興趣缺缺。為了滿足他們的好奇心，只要他們不造成太大的混亂，我就會帶他們去看看我的工作環境。

單親家庭的孩子比較弱勢？

很多人一想到「單親家庭」這四個字，就會不自覺地聯想到「社會弱勢」這個詞彙，然而單親家庭對於孩子的性格養成與發展其實有好有壞，正反兩方的證據比比皆是，很難界定到底是利大於弊、抑或弊大於利。

我們可以簡單地在報紙或網路上搜尋一下，一方面可以找到很多企業家或領導人，都是出身於單親家庭；但另一方面又會發現很多所謂社會邊緣人，也都是自單親家庭出身。所以到底哪個為真？單親家庭與一般雙親家庭的環境當然有所不同，但這樣的環境不一定會百分之百決定一個孩子的內在心態與外在行為，因為人與環境是互為因果的一種互動，若這種互動屬於「負面的互動」，自然就會產出負面的影響；反之若是「正面的互動」，結果便會變成孩子的優勢，一切端看單親爸媽塑造出怎樣的環境給孩子，以及這個孩子和週遭的人如何來看待單親這個事實。

不同的單親互動模式，會產生孩子不同的性格特質

「單親家庭」就與「三代同堂」、「隔代教養」一樣，只是一種家庭形式，如果方法合宜，其實沒有好壞之分，但缺少周遭人的協助，確實會增加身為單親媽媽／爸爸無形的壓力，因此營造出正確的互動模式，會使教養上有更正面的效果，甚至會比雙親家庭帶給孩子更多的磨練與養分，豐富他的人生價值。

營造弱勢的家庭概念

有些單親的父母從小就給孩子一個觀念——我們是單親，別人會欺負我們，所以自己要學會保護自己才行。其實單親爸爸媽媽之所以會這樣對孩子說，是為了要保護他們，深怕自己無法給予孩子足夠的幫助和資源，導致孩子未來會受到挫折，是種出於愛的表現。然而，儘管是由愛而生的話語，這種心理概念仍舊會讓孩子處於一種弱勢的地位，讓他們在內心牢牢記住「我們是弱的，會被別人欺負」，最後反而帶來許多負面的結果，且這類家庭通常不會對孩子多加解釋父母離異的原因，或者給予孩子相對應的輔導，導致他們得要自己去面對這個問題，結果往往就會衍生出其他的影響。

影響❶：孩子的內疚、負罪感

有些孩子在年紀很小的時候就遭遇父母離異的狀況，他們還沒成熟到能理解因果關係，也不清楚大人間情感關係的轉變，於是在大人沒有解釋清楚的前提下，突然得要面對這個衝擊，此時孩子便會以為是自己的緣故，使得整天吵架的爸爸媽媽必須分開。內心有負罪感的孩子往往自信心較為不足，習慣性地將問題與錯誤都往自己身上攬，變得容易悲觀。

影響❷：父母愧疚感、補償心態

另外有一種狀況，就是單親家庭的父母，普遍對孩子有愧疚感。愧疚感會促使父母產生補償心理，因此產生補償行為，可能是情感上的補償，例如母代父職／父代母職，想一個人提供給孩子兩人份的愛；也可能是物質補償，盡可能地在所以物質面上滿足孩子的需求，即便孩子後來索求無度也依然睜一只眼閉一只眼。

上述兩種影響，都會造就負面的人格特質。孩子的內疚、負罪感，往往致使他們缺乏勇氣挑戰、不敢犯錯，且在成年後對於感情方面的處理不夠成熟，缺乏正確的感情觀又或者對戀愛、婚姻抱持著不信任的心理。而父母的愧疚與過度補償，則會使孩子無法意識到這個世界上有所謂合理的因果關係，也就是「種瓜得瓜，種豆得豆」的道理。因為童年時他們的父母會盡量滿足他們任何的要求，因此就以為這世上的物質或情感可以信手拈來，這對他們未來如何去正確理解社會運作是種嚴重的劣勢。當有天他們脫離父母的羽翼，獨立去出去工作時，認知便會失調，因為以前在家裡時，家人並不是這麼對待他。

更甚者，父母的愧疚感在孩子的心理運作上，會成為他將來人際運作上的工具（武

器），他們會變得很會利用（甚至濫用）別人的愧疚感，先讓對方有意無意間對自己說出承諾，當對方承諾愈多時，這些承諾也就愈難達成，最後趁對方食言而肥時，就利用對方的愧疚感，進一步要求自己想要的愛、物質、地位、權力。這是他在成長過程中，透過與父親或母親的互動間學習到的生存方式，幾乎不需要花任何資源就可以得到自己想要的東西。這種善於利用別人愧疚感的孩子，在長大後進入婚姻或是親子關係時，通常都很不快樂，他們不會從對方的角度將心比心，理所當然地覺得別人生來就是虧欠自己。

營造正向的家庭概念

有些單親父母則從小就試著給孩子比較正面的觀念，他們會告訴孩子「為什麼我們是單親」，「爸爸媽媽為什麼不能在一起」，「爸爸媽媽分開的理由跟你沒有關係」，「即便我們離婚，還是會一樣愛你」，「不是你做了任何錯事」。如此一來孩子就不會有負罪感、內疚感，且感覺到父母願意和自己溝通、可以在未來一起解決各種問題。

再者，內心強大的單親媽媽／爸爸會以較正面的方式，想辦法彌補單親家庭不足的部分。比方說單親媽媽會找到一個替代父親的角色（例如舅舅，或其他家族裡的男性成員），以彌補孩子對父愛的需求，同時也可以讓孩子有個同性別學習對象。更甚者，他們會為孩子找到一種模範，這些單親爸媽們會告訴他們的孩子：「美國總統歐巴馬也是單親家庭出身」，告訴他們即便是出身單親家庭，依舊可以透過努力來獲得高度成就與幸福。他們會努力讓孩子覺得單親沒有什麼不對、或是不如人的地方，即使是單親家庭出身，也不表示自己天生處於弱勢的狀態，可以勇敢地挑戰、面對問題，如果遇到挫折，身為爸媽的我們依舊會努力成為你的靠山，這對孩子健全人格的養成其實格外重要。

當然，即使在這樣正向的家庭環境下成長的孩子，也不可能完全沒有困境。比如說，孩子在單親家庭教養下會較一般孩子早熟（匱乏的孩子早當家），一方面是因為他們提早理解「人情冷暖」這件事情，一方面則是母親／父親的辛苦歷歷在目，所以往往在遇到問題時會有「早熟」的情形，過度替父母著想，怕他們感到擔心所以選擇報喜不報憂。這種親密是有隔閡的，反而會讓爸媽和孩子有些心理距離，所以父母有時候也該試著扮演小孩這種角色，對小孩撒嬌，使孩子覺得可以與父母分享問題，不會因過度體貼所以永遠獨自面對。

單親爸媽要如何調適自己的角色身分

在單親家庭裡頭，通常會有母兼父職／父兼母職的狀況，一般家庭裡的爸爸媽媽光是要扮演好自己的角色就覺得十分吃力了，相比之下單親家庭的爸媽一定有更多的壓力，所以學會身分

的調適，絕對是單親爸媽每天都會遇見的難題。但如能積極思考，只要突破這幾道難題，你就可以讓孩子安心無虞地成長。

先照顧好自己才能照顧好孩子

其實這點算是老生長談。爸爸／媽媽照顧好自己，無論是身體還是心理方面，只要保持良好的健康，對孩子而言就能獲得最基本的安全感。先前有一則新聞，一名英國單親爸爸的太太因為得到兩次癌症而過世，但是他太太留下十五條育兒的祕方，幫助他成功扶養八個孩子長大。這些祕方的內容其實再簡單不過了，舉凡要幫女兒綁頭髮、每天晚上要替孩子們檢查功課、讓他們睡眠充足等等。其中最重要的是最後一條，臨終前太太告訴先生：「我走了，為了孩子，你更得好好地照顧自己才行。」因為唯有先照顧好自己，你才有餘力去照顧好孩子。

養育孩子本來就不是給予無微不至的照顧

有些父母對孩子的補償方式，是給他們無微不至的照顧，凡事都想替孩子規畫到最完美，深怕一個疏漏讓孩子受到挫折，但這麼做需要耗費太大的心神，結果往往不如想像中那般完善。其實身為單親爸媽並不需要在乎一些太過細節的地方，只需抓到大方向即可。我們不說八個孩子，現在社會光是一個雙親家庭要養兩個孩子就忙到手足無措了，何況對一個單親媽媽／爸爸來說，是何其沉重的負擔，如果每件事情都要考慮到最細節處的話，絕對會讓自己心力交瘁，且可能致使小孩更依賴你，無法去發展他自己的能力。

尋找合適資源給予協助

最後一點也很重要，身為單親家庭的家長，我認為應該要去善用一些資源。現在有些政府或社福團體，都有專門提供給單親家庭的資源，我建議單親爸媽們盡可能突破自己的心理障礙，接受自己是單親的身分，好好去運用這些資源，如此對於教養孩子可以更事半功倍，不必一個人單打獨鬥。其實各縣市都有家庭中心會辦夏令營或冬令營，有些父母願意讓孩子去參加，有些則不願意，因為他們心裡面沒有辦法公開自己是單親家庭這件事情。這個社會對單親家庭並不是那麼冷酷，前提是你自己也得願意去面對這件事情才行。

單親家庭對孩子未來戀愛觀的影響

前面提到單親家庭的小孩比較早熟，這裡的「早熟」如果再講細一點，可以分為性格上的早熟，與情感上發展的早熟。

孩子的早戀現象

性格的早熟讓他們更早懂得生活獨立，學會在人際互動上察言觀色；情感上的早熟，則因為他們對所缺失的父愛或母愛深深嚮往，所以更有可能出現早戀的行為。例如，離婚後媽媽帶著女兒一起生活，女兒身邊缺乏爸爸的角色，所以到青春期時對自然對異性感到加倍好奇與嚮往，這時如果遇到一個對她稍微好一點或讓她有被照顧感覺的男生，那麼她就極有可能在小小的年紀就談戀愛了。

孩子的不婚主義

當然情感上的早熟不一定只有「提早戀愛」。我碰過的個案中，也有一種趨勢是堅持自己未來「絕不結婚」的不婚主義者，因為他們從小對婚姻就沒有任何的憧憬，男女情感之於他們而言是沒有安全感的事物，這或許可以歸咎於他們曾經目睹自己父母關係的劇變，導致長大後對情感的極度不信任。

孩子的不離婚原則

另外也有一種案例比較極端，他們在長大後會主張：「要嘛不結婚，但如果結了婚，就不論如何都不離婚。」這類的孩子不想重蹈覆轍，不想讓自己的孩子也遭遇到同樣問題。但這種心態是否健康呢？如果她碰到了一個有家暴傾向的丈夫，還是選擇不離婚嗎？如果僅是為了不要變成另一個單親家庭，這樣對自己和對孩子，真的會有正面影響嗎？我覺得對於孩子未來兩性觀、婚姻觀，單親家庭爸媽確實得要做些功課才行，讓孩子從小就理解「單親家庭只是一種狀態而不是心態」，對孩子將來感情觀的導正會有很大的幫助。

把健康的心態與正向想法傳遞給孩子

「心態健康的孩子，經常源自於心態健康的父母」，這個概念不管是雙親家庭還是單親家庭都適用。單親家庭的爸媽，其實只要在孩子年紀到一定程度後，認真地與他們談談，聊聊爸爸媽媽當初是怎樣在一起，又後來為何決定結束婚姻，並提醒他們將來在選擇對象上應該注意什麼事情，就可以培養出比較正面的情感觀念。我認為單親爸媽們盡量避免在言傳身教上，讓孩子覺得「兩性的情感之間是像泡沫一樣很不實在」，而是去教育他們，讓他們理解「人跟人之間的情感隨時在變化，但後來的種種並不會影響以前的美好，如何做出對未來更好的選擇，才是最重要的事情」。

案例收錄

別讓自己的感情問題影響到孩子的生活

曾經有個爸爸帶著女兒來向我諮詢，他諮詢的問題是：「幼兒園大班的女兒原本都很少尿床，為何最近彷彿退化了，時常尿床？」

一般而言孩子在小班的年紀之後，就不太會有尿床的問題，因此我便開始以各個面向對孩子以及爸爸面談諮詢。慢慢地我發現，這個孩子性格非常焦慮，深入了解以後，才知道問題是出在她已經離婚的爸爸媽媽身上。

原來這對夫妻在離婚前協議好，孩子由媽媽這方撫養，但爸爸每週五能夠從學校接孩子回家待到週日早上，好好共享一天專屬父女的生活。沒想到在離婚後，媽媽總是以各種理由阻礙爸爸來探望孩子，比如說孩子正在睡午覺、生病感冒等等，或另外找人在爸爸抵達幼兒園前接走孩子，甚至私底下丟棄爸爸送給孩子的玩具禮物，並時常在孩子的面前說爸爸的壞話。

而爸爸呢？爸爸即便沒有在女兒面前說媽媽的不是，卻會時不時提醒女兒要防範著媽媽，某次他給了孩子一隻絨毛玩具（實則暗藏錄音筆）當作禮物，說服女兒像間諜一樣對媽媽使用；又或者把女兒藏到國外，不讓媽媽找到。對一個孩子來說，這種不自然的關係令她感到焦慮不安，這兩個人都是她愛的人，卻始終想辦法攻擊對方，女孩不懂「兩個愛我和我愛的人，為什麼無法相愛？」而孩子也終究不善用言語或文字來表達情緒，只好用身體的症狀來表現，也就是尿床。所以我認為，單親家庭不該因為父母本身感情因素影響孩子的正常生活，無論是關係再糟糕的夫妻，在孩子前至少也必須扮演好稱職的爸媽角色。

二號談心室

教養態度篇：
爸媽的角色與教養原則

別急著和孩子當好朋友

先說結論，我的建議是「NO」，至少在年紀還小的時候不要。

孩子出生後所接觸的第一個世界就是「家庭」，而家庭本來就是子女和父母共同組成，所以在孩子還小的時候，我們應該好好學習如何做好父母的角色，等他大了，邁入學校生活，開始在一個小社會中求生存，這時他就會需要朋友的出現。此刻的我們已經知道當父母的準則，而他也逐步進入了青少年叛逆期的洗禮，這時候父母再來嘗試著當他的朋友，如此階段性角色的轉換，會比一開始就當孩子是朋友來得合適。

對年紀太小的孩子來說，雙重角色讓人錯亂

把孩子當朋友最大的問題在於角色的混亂。我看過很多例子，這些爸媽平時都說自己可以當孩子的朋友，但當孩子做錯事，他們想要管教時，又會端出父母的架子，脫口而出：「我是你爸／我是你媽。」如此一來就錯亂了，孩子也不知道怎麼適應。

儘管很多人西方人崇尚以朋友的模式和孩子互動（如：不以「爸、媽」稱呼而是直接叫其名字），但從生物學角度來看，人類出生就是會有一個爸爸、一個媽媽，如果太早跟孩子稱兄道弟，把家中的地位擺成平等，孩子被保護的概念就比較少；反之，從小先以父母的角度去管教、教養他，某種程度對小孩是一種安定感，因為他知道你的定位在他之上，這個家中父母是兩大支柱，孩子有所依靠，也能從他們身上學習到行為的準則，把爸爸媽媽當成榜樣，並獲取安全感。

「父母」與「朋友」這兩種角色就像魚與熊掌，你很貪心地想要同時擁有，天底下哪有這麼便宜的事情？試想如果你口口聲聲要孩子把你當作朋友，但平時管教卻很權威，那麼孩子怕被責罵，怎麼可能對你傾訴真實心聲？又或者你真的從小當了他的朋友，而孩子開始偏差時給予建議，你卻又端出父母的角色，來導正他的行為？我認為這種做法是很分裂的。

許多人對成功的父母存有誤解，以為其親子關係是建立在朋友身分上，但不盡然。身為父母，其實只要以引導、關懷式的方法與孩子溝通互動，有賞、有罰、有理，即便不是勾肩搭背的好哥們／好姊妹，孩子仍舊願意跟你講心裡的話，因為他打從心裡相信你是公正的，相信你會盡力地認可他，也相信你不會無緣無故否定他，所以我認為並不是當父母就不能享有當孩子朋友的好處，這是個需要突破的迷思。

在叛逆期以前，才開始轉換成朋友的角色

就我諮商的經驗看起來，若爸媽想要開始轉型成朋友的角色，最好的時機是在叛逆期以前。因為叛逆期的孩子容易反抗權威，比方說爸媽叫他往東走，他就是要向西走，他們亟欲證明自己是獨立的個體，所以若是晚過叛逆期才當孩子的朋友，難度會提高非常多。通常在孩子10～12歲這個時候，做如此的角色轉換比較合適，也可以避免孩子在叛逆期時做的抵抗。

轉換的方式有幾種方式。第一是讓孩子自己去做一些決定，例如小學的一週裡，通常有一天可以穿便服，在孩子還小時，你可以提醒他要穿什麼，然後等他漸漸大了，就讓他自己做決定，就算孩子因為穿太少感冒一次兩次也沒關係；又例如他放學回來得要寫功課、練琴、做家事又想玩，以前你可以幫他做全部的安排，但當他十歲以後，你就讓他自己決定順序，如此他便會開始感受到自己可以做愈多決定，自我意識也就上來了，他會清楚知道什麼事情可以和父母商量，什麼事情可以自己決策，但要對自己的決策負責。我認為有一個心態是很重要的——不是父母把孩子當朋友，而是孩子把父母當朋友。因為當父母把孩子當朋友時，是父母自己的地位下降了；反觀孩子把父母當朋友時，是孩子的地位上升了。我們在教養孩子的過程中，不要透過貶低父母的方式讓孩子得到自己成長的假象，而是要利用權利（力）的變化，讓孩子確確實實的成長，得到他應有的自信。

即便是爸媽的角色，用對方法也能跟孩子談心

我自己在和孩子聊天的過程裡，並不會刻意為了想和他們深度談心，而營造出彼此是朋友的感覺，因為孩子在外有他自己的朋友，而爸爸卻只有一個，我必須要負起唯有爸爸才能給他的東西，這是我的責任。

因此，我會多和孩子談談自己的心事，例如「爸爸在你這個年紀的時候最想要做……」，或是「爸爸以前最擔心……」，甚至可以把自己小時候照片拿出來分享過去階段的趣事，讓他們感受到輕鬆的氣氛，接著再帶入你想要聊的話題，譬如「爸媽小時候數學也不好，後來靠……加強數學」之類的。另外我認為營造一個「儀式感」對親子溝通也會有所幫助。以我們家為例，我們在吃晚餐的時候都會聊聊今天發生的事，但我會要求孩子們談些愉快的話題，不許告狀（因為老大老二在同一間學校），一旦開啟了令彼此不愉快的話題，我就會出言制止。現在他們都學會了，在吃晚餐的時候盡量聊些有趣的話題，天南地北無所不談，而我也對自己訂下規則，不可以在晚餐時間和他們聊功課，所以自然而然，孩子就會在這時間和這儀式中，與我無壓力地暢談心事，成為親子溝通中的催化劑。

總而言之，父母若想要跟孩子溝通，就不該一味要求孩子應該與父母對話，而是父母要先敞開自己，再談談自己，因為所有的孩子都是善於模仿的，當父母願意開放自己的時候，孩子就會仿效你，開始和你對話，「身教永遠重於言教」是顛撲不破的真理。

無法忍受孩子踩到我的地雷

在生活或是職場上，某些人明明沒做過什麼傷害你的事情、也沒有說過什麼過分的話，但偏偏就是令你看不順眼，覺得這人的一些個人特質讓你如坐針氈。這種經驗或許大家都有，平常只要彼此保持一定距離，也便無傷大雅，但如果這人是你的孩子呢？情況好像就變得有點棘手了呢……。你的孩子可能在功課、行為操守等各方面的表現上都很好，但就是有某個「個人特質」會踩到你的地雷，讓你氣得牙癢癢，卻又不知道該怎麼解決才好。到底為什麼會有這種狀況？身為爸媽的我們，又該怎麼應對呢？

不搞懂背後原因，就永遠無法剷除地雷

舉我家的例子來說。我的大兒子是個資優生，長得也挺帥的（老王賣瓜），平常其他家長更對他讚譽有加，各方面表現都令我這個做爸爸的感到十分驕傲，但唯獨他很愛哭的個性，讓我非常受不了。他的哭點極低，許多我認為不可思議的情況都能導致他哭泣，例如弟弟拿走他的東西，蒼蠅飛到他的餐盤上，或者讓他感覺受委屈的時候，似乎任何事情都可以輕易開啟他淚腺的開關。

某次我帶他們兄弟去露營，露營的山區蚊蟲較多，平常我雖知道大兒子怕蟲，但沒料想到，他竟然在鞋子裡發現一隻死掉的蒼蠅時就哭了。

我問他：「這有什麼好哭的？頂多把蟲子倒掉，鞋子洗一洗就好了呀？」然而他無法接受，甚至開始鬧脾氣，哭著嚷嚷要把那雙鞋子丟掉。我認為他太小題大作了，卻又不想和他計較太多，於是給他我的另一雙鞋，要求他先在車裡等著，由我來處理鞋子的問題，偏偏這時他又不領情，繼續在一旁大哭。當時下著傾盆大雨，我一面要處理他的鞋子、一面又要收拾帳篷，狼狽不堪，兒子的哭聲彷彿是壓垮駱駝的最後一根稻草，讓我理智線瞬間斷裂，最後我終於忍不住了，對他大吼：「所以你到底要我怎麼做？」

孩子感受到我的怒氣後，稍稍壓抑了他的情緒，開始忍住不哭泣，於是我利用這段時間將帳篷收好，整理完畢後，我才坐到他的旁邊問他：「你是不是害怕蒼蠅帶有很多的細菌？」他回答：「對。」因此我跟他解釋：「蒼蠅身上帶有很多細菌沒錯，但牠停留過的地方所遺留的少量細菌並不會讓一個健康的人生病。你想想看自己上一次生病是什麼時候？」他認真地想了一下：「大概一年多前。」我說：「對吧。你想想看平常手摸過的地方可能都會有細菌，但你並不會馬上就生病，因為身體有抗體和免疫力。」如此一番解釋後，他才冷靜下來，不再歇斯底里。然而即便如此，日後遇到其他我認為是「小事」的情境，他還是會以令我出乎意料的方式——大哭，來表現他的情緒。

爸媽的「地雷」其實是自己心理的「弱點」

有關「孩子為什麼愛踩爸媽的地雷」這問題，我花了許多時間思考過，發現多數父母對他們的孩子都存有至少一個地雷區，一旦孩子踩到地雷，就會令爸媽抓狂。其實身為父母的我們在抓狂的同時也很無助，因為這樣的狀況往往一而再再而三地發生，即便不斷提點，孩子性格上的弱點——愛哭、愛搗蛋、膽小等等還是沒有改變。後來我才想通，與其說我們討厭「孩子的某個性格」，不如說我們討厭「被提醒面對這情況的無力感」。

以我很討厭大兒子的愛哭個性為例。我自己本身雖不愛哭，但當兒子哭泣時，便間接提醒了我，我在一些艱難處境時，也會想要懦弱、也會想要逃避，而他的愛哭行為與我的懦弱是一體兩面。他為什麼愛哭？那是因為他解決不了問題，所以只能用哭來發洩他的無助感；相對地，我的性格也有懦弱的一面，但我會以其他方法或形式表現出來，比方說逃避，或者用更兇的方式去壓過別人，如此一來便不用去面對我的懦弱。因此，我之所以討厭孩子哭，背後的癥結其實是不喜歡孩子提醒我自己也有同樣懦弱的性格，所以才會如此惱怒。我認為每位爸媽在要求孩子面對問題時，本身也該要正視自己性格上的弱點才是。

事實上從心理學、基因醫學中，我們都可以找到很多關於父母特質會遺傳給小孩的佐證，比方說憂鬱症。很多研究發現，父母雙方若其中一人具憂鬱症病史，那他們生下來的孩子，罹患憂鬱症的機率會比父母皆無病史的小孩高出至少40％～200％（不同的研究數據略有差異），當然這是針對心理疾病的研究，其他心理性格上的研究族繁不及備載。但無論如何，這些研究內容都多少印證了孩子性格遺傳自父母的特性，因此爸媽們時常無法諒解的孩子行為，就某方面來說，也表示了對自己內在性格的否定與不肯承認。所以我們常常可以觀察到一個現象，我們討厭的人，通常會是最像自己的人；你最常吵架的那個人，通常也是你最像的那個人。

搞清楚是「孩子愛踩你的地雷」還是「你的地雷範圍太大」？

其實爸媽們在惱怒「為什麼孩子老愛踩我地雷」的同時，也該換個角度想想，到底是孩子不斷踩你的地雷，還是你的地雷區範圍太大太廣了，讓孩子很難不踩到地雷？

以我提到的「兒子愛哭」這問題，我曾問過其他的父母：「如果是你們的小孩，而且還是男孩這麼愛哭，你們覺得怎麼樣？」結果我發現只有少數會像我一樣無法忍受。也許他們是局外人，想要安慰我，抑或幫我兒子緩頰，但他們大多數人的態度都是：「這樣很好呀，是一種紓發情緒的方式，總比壓抑好吧！」我才恍然大悟，一直以來我覺得「兒子愛哭的行為」是小題大作，原來「生氣兒子愛哭的我」，也可能是小題大作。每個人都是獨立的個體，在意的環節自然不同，於我而言，愛哭的兒子會讓我感到惱怒，但對其他爸媽來說可能會認為壓抑情緒的孩子才難以捉摸、無法溝通。因此我認為爸媽們在責備孩子孩子以前，最好先想想問題是出在孩子的身上，還是自己反應過度？如此就不會發生誤解孩子的情況。

愛的處方箋，爸媽可以這樣做！

Q 如何減少親子間「踩地雷」的狀況發生？

常常被孩子踩到地雷的父母應該不難發現，每次孩子只要踩到自己的地雷，我們就會不自覺地發脾氣，結果不但不會讓這樣的情形減少、趨緩，反而會愈加惡化，例如：我兒子愛哭，一旦哭了就會被我罵，而罵了以後他就哭得更慘烈，變成惡性循環。

每當提到惡性循環的時候，我就會想到《小王子》這本書。小王子很愛那朵玫瑰，即便那朵玫瑰很驕縱，會叫小王子做很多事情，但小王子依舊對他展現全然的包容與愛，因為他知道玫瑰是用她的刺和驕縱去保護自己的弱點，他知道玫瑰有顆很脆弱的自尊心。我覺得每對父母都應該像小王子一樣，如小王子對那朵玫瑰一般愛著孩子，因為孩子就如那朵玫瑰，會用刺來保護她的各種脆弱。

除了包容以外，大家也不妨熟悉一下愛因斯坦說過的一段話：「真正的瘋狂是不斷地用一樣的方式，卻期待不同的結果。」所以我覺得各位爸爸媽媽不妨回想一下，以前的你可能用過什麼方式卻不管用，那就不要再使用了。例如，你以前總是用更高的分貝去壓過孩子，但不管用，那就放棄這個方法吧，轉而看看有沒有其他的方式能夠減少踩地雷的情況多次發生。以我來說，我自己現在會先提醒自己「讓孩子發洩一會兒」，接著第二步是去抱抱他，讓他覺得被理解，第三步才是分析他哭的原因，是因為害怕、委屈抑或其他理由，試著把他從情緒失控的狀態拉回到理智這邊，最後給他一些選項，讓他知道自己下次除了「放聲大哭」之外，還有其他ＡＢＣＤ等各種解決問題的選項，而不是永遠只以眼淚來逃避問題。例如我會告訴兒子：「要是你覺得被誤解了，你可以選擇不哭，勇敢去告發這件事情，不要讓其他人誤解你。」這麼一來他就會有解決問題的方向，也會減少踩踏你的地雷的機率。

壓抑孩子不踩地雷對孩子造成的影響

有些父母會以高壓的方式，命令或限制孩子不許踩到自己的的地雷，例如不能接受孩子調皮搗蛋的爸媽可能會限制孩子說話、活動等行為，若違反則以懲罰手段來讓孩子知道其嚴重性。這樣的做法短期內可能看似成效不錯，但就長期看來，沒有理解背後原因就壓抑孩子，其實對孩子往後的性格發展，會有一定程度的扭曲影響。

影響一，因為受到「踩地雷就會被懲罰」的制約，有些孩子之後在爸媽面前便會開始壓抑，隱藏自己真實的情緒或想法，因為他已經洞察出哪些行為是爸媽喜歡的、哪些行為是爸媽厭惡的，因此會選擇刻意在爸媽面前不表現出該行為，然而卻將這些行為表現在爸媽不在身邊的時間及場合，致使他成為一個在家中與在外頭性格截然不同的人。

影響二，有些孩子並無法明確辨別出哪些是爸媽們討厭的行為，而哪些又不是，他們往往會將「爸媽討厭我的某些行為」和「爸媽討厭我這個人」搞混，導致自信心低落，覺得無論如何都無法讓爸媽滿意，既然如此，乾脆就抱持著「反正怎麼做也沒有用嘛」的心態放棄取悅爸媽，最後隨著成長過程與爸媽漸行漸遠。

第三種影響是造成孩子變得虛偽。舉例來說，一個愛哭的孩子可能在傷心的時候選擇強顏歡笑，或另一種情緒去蓋過，因為從小爸媽只告訴他「哭不能解決問題」，卻沒有告訴他「該怎麼解決問題」，因此他便選擇不哭，明明內心很受傷卻故作堅強，其實對孩子的心理會有很不好的影響。

總而言之，為了不讓孩子踩到自己地雷，沒有搞清楚背後原因，僅單方面壓抑孩子的情緒或行為，對一個孩子真實的人格發展絕對存有負面影響；反過來講，若是趁機好好處理小孩子踩地雷的行為，有什麼好處？我認為除了可以避免上述三種對孩子的負面影響外，最大的正面影響便是父母自己。因為父母要去直視自己性格上同樣的弱點，要去接納自己，因為自己也有脆弱的時候，因而就更容易接受小孩子也有同樣無助的感覺，彼此更能相互體諒。

如何培養孩子的好習慣

我們常說：「人是習慣的動物。」要讓孩子養成好的習慣，首先我們得先了解「習慣是怎麼來的」。習慣的養成通常有兩種原因，一是出於「自我保護機制」，二則是透過「行為觀察」。

出於自我保護機制而養成的習慣

習慣可能由一些自我保護的機制中生成，最顯而易見的例子就是「說謊」。有的孩子平時有說謊的習慣，那是因為他想避免做錯事被發現，因而每次只要犯錯，就下意識地選擇利用謊言來掩飾問題。

孩子的這個壞習慣考驗著爸爸媽媽的察覺能力，因為每個人都有自我保護的機制。有時肇因於爸媽不正確的教養方式，例如爸媽為了要孩子坦承，就對孩子說「只要說實話就不會處罰」，結果孩子坦承了，爸媽卻還是處罰他，長久下來孩子會為了要保護自己，學會去編更大的謊言。父母沒有辦法遵守自己的承諾，或承諾給得太隨便，導致孩子一次、兩次後就開始不相信父母，不相信大人了。這種保護機制養成的壞習慣之所以不容易被察覺，一方面也是由於大人不願意認錯所導致。

另一種出於自我保護機制而養成的習慣，就是自私。雖然說自私可能是人類的天性，但是過於自私，可能就是後天養成的壞習慣了。我曾經在捷運上聽到一個母親與一對小兄弟的談話，兄弟倆在搶一個玩具車，媽媽協調無效，命令哥哥讓弟弟先玩。哥哥問：「為什麼？」媽媽反射性回答：「因為你是哥哥，哥哥就要讓弟弟。」讓我驚訝的是這個小哥哥接下來的反應，他回說：「那我豈不是要倒楣一輩子？」可想而之，出於自我保護機制，這個哥哥應該很快就學會把玩具、零食藏起來。吃東西的時後也會先挑愛吃的東西吃，不會幫弟弟留一份。這樣的自私行為，究竟是誰促成的呢？

藉由觀察行為所養成的習慣

一個什麼都不懂的孩子要養成習慣，最簡單的方式即是透過「觀察」。小時候觀察父母、較年長兄弟姊妹的行為，稍大一點後觀察玩伴、同學甚至電視、網路上的行為等。因此孩子觀察的「對象」本身習慣如何，便成為一件很重要的事。

舉例來說，很多父母都希望孩子有閱讀的習慣，但偏偏自己卻不閱讀，平常唯一會讀的一本書叫做「臉書」。如此一來，即使爸媽口頭說要幫孩子養成閱讀的習慣，孩子也沒有可以模仿的對象，成效自然不彰。所以，要真正有效地培養孩子的好習慣，孩子周遭的人事物扮演著舉足輕重的角色，通常最重要的角色就是「父母」，父母必須以身作則，孩子才能有個效法的榜樣。這聽來是老生常談，但絕對是必要也最有效的方式。

我有次在外公開演講，演講完後，有個媽媽跑來找我，她先是問我：「手機上癮是不是種心理的病？」我回答她：「目前的確是有這種診斷，像是『手機上癮症』或是『網癮』。」並接著詢問她孩子手機上癮的嚴重程度如何。這名媽媽說，她的女兒隨時都想玩手機，若是不給她玩的話，就會大哭大吵。

起先我以為她的女兒只有3、4歲，詢問下才得知原來已經是個11歲的女孩。我於是問了這名媽媽：「女兒怎麼會養成這個習慣？」媽媽有點不好意思地娓娓道來。原來從女兒約莫5、6歲開始，這名媽媽只要遇到忙碌時候，或為了讓女兒不要哭鬧，便會給她手機，讓女兒安靜下來，沒想到久而久之，女兒變得只要手機不在身邊就會吵鬧，常常晚上玩手機遊戲或是使用手機和同學聊天，過了就寢時間仍不肯睡覺，媽媽因此相當困擾。

在聽完媽媽的說法後，我向她建議：「解決問題的方法很簡單，只要妳狠下心來，沒收她的手機，大概一個禮拜到十天的時間內，女兒依賴手機的習慣就會減少很多。」結果這名媽媽一聽，直說不可能，選擇拒絕嘗試，所以可以很明顯地看出，這個媽媽並沒有要斷絕女兒依賴手機這個壞習慣的決心。事實上，這類「要孩子戒掉／養成某種習慣」的問題天天在發生，有時問題的癥結不在孩子本身，而是如這個案例裡的媽媽一樣，若沒有父母一起積極參與其中，那麼再多的建議及方法都只是空談罷了。

愛的處方箋，爸媽可以這樣做！

Q 我的孩子手機／網路成癮了怎麼辦？

舉前面「女兒手機使用上癮」的例子來說，媽媽的態度必須要溫和而堅定，過程中孩子一定會感到反彈，這是無庸置疑的事情。因此身為大人的我們自己要先做好心理準備，心理要比孩子更強大，並且安撫她，讓她做些其他的事情好轉移注意力，例如買一、兩種桌遊陪她一起玩，或帶她逛逛街、到公園運動等等，不要一味地要她別玩手機，而是將她的注意力和時間轉移到其他更健康的活動上。至於要以那些活動來取代，這些父母都要事先想好才行。

譬如在我自己家裡，我會控制孩子們看電視的時間，尤其是吃飯或做功課的時段絕對不看，一天內大概只會讓他們使用電視半個小時到一個小時，甚至後來我發現時間還是太多，於是一到週末就盡量帶他們出去玩。後來我還陸續退了家裡的電視機上盒、將錄放影機送人，為的就是讓他們對電視的注意力轉移出來。結果你猜猜孩子花幾天適應無電視的生活？他們不到一個禮拜就適應了，很驚人吧。

一開始他們絕對會感到無聊，開始抱怨，這時身為父母的我們就要堅持立場，讓孩子自己打退堂鼓。果不其然，幾天後哥哥因為太無聊所以就找了本書來看，不久老二也跟進，至於老三則因還不識字，自己一人在旁邊玩起樂高積木，成功戒斷了電視成癮的問題。

在自己親身實驗成功後，我認為要孩子戒掉一種習慣，陣痛期是必經過程，所以如前面所說的，父母一定要有些心理準備和方法，用另一個東西、活動去轉移孩子的注意力，因為孩子很好動，注意力相當短暫，因此盡可能找些他們感興趣的事物，就可以幫忙戒除這些壞習慣。

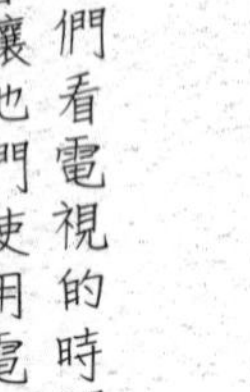

如何幫助孩子培養／戒除習慣

如同前面所說的例子，要孩子養成一種習慣，或者要他們戒除一種習慣，絕對不是爸爸媽媽嘴上說說就可以辦得到，適度地參與其中、引領孩子，才是形塑良好習慣的不二法門。以下我提供4種方法，根據這些原則去幫助孩子養成良好習慣，對未來絕對百利而無一害。

方法❶：讓孩子知道各種行為背後的用意

小朋友的習慣幾乎都是透過觀察而來，且通常都是來自身邊的人，像爸爸、媽媽。透過觀察使他們很快地養成習慣，因此在此建議父母平常在小孩子面前一定要謹言慎行，別忽視孩子模仿的能力，以為他們年紀還小，就做出不適當的舉措。

為什這件事格外重要呢？因為小孩子的模仿是很「盲目」的。以使用手機為例，爸媽平常使用手機多半為工作所需，但看在孩子眼裡，他沒有明辨是非的能力，只眼見你使用手機的這個動作，不曉得這個行為背後的涵義。狀況換成年紀稍大的青少年就不一樣了，他們能辨別對錯，知道過度使用手機會傷眼，或者在考試前必須適度戒斷手機，好好念書才行，那是因為他們的年紀已經使他們足以去思考一些問題，但年紀較小孩子們就沒有這樣的辨別能力。所以爸媽不妨和他們說明自己使用手機的原因，讓孩子理解「工作」和「玩」的差異，他們也就比較不會在內心覺得「為什麼你叫我不能玩，自己卻一直玩」而產生反抗了。

方法❷：利用「制約」來讓孩子戒除壞習慣

想要形成或戒除習慣，有很多心理治療的方法可以借鏡，第一種就是制約。例如「為什麼很多人會抽菸？」這件事，很多人小時候可能看見某個長輩有抽菸習慣，就覺得抽菸是很酷的事情；也有些人覺得抽菸可以放鬆，所以「抽菸」和「放鬆」兩件事情就連結在一起了，就形成了制約。

因此當我們想戒除孩子的一種習慣時，也可以同樣的原理來「反制約」。大家比較熟悉的例子就是老一輩的人會在奶嘴上塗抹辣椒油，讓孩子一吃到就放聲大哭，為的就是把「吃奶嘴」和「辣」之間締起厭惡的連結，形成反制約的效果。簡而言之，就是把厭惡的感覺和想戒除的事情連結在一起，讓孩子討厭辣椒的味道勝過奶嘴的感覺，如此一來便可以減少他們對奶嘴的依賴性。

如果我們把反制約概念放在「戒除使用手機」這件事上時，有沒有什麼具體作法呢？其實只要讓他將「使用手機」與一些負面的感覺連結即可，像是如果手機玩太久，就剝奪他出門玩的機會（禁足），或減少他的零用錢，讓他產生原來過度使用手機會對自己造成不利的後果的感覺即達到反制約的目的。

方法3：提供一個沉浸式學習環境

孩子在愈小的年齡去培養習慣，效果會愈好，這是多數人都知道的道理。因此許多父母在孩子四、五歲時就讓他們學習樂器、學習英文，把孩子送到補習班或外國，以為這樣做孩子就能得到長足的進步，卻沒有把父母的角色融入其中。於是，不講英文的爸媽在家裡依舊以中文和孩子溝通；孩子在外跟名師學琴，但家中古典音樂的CD卻寥寥可數。這樣的孩子就像坐翹翹板，學習時被灌輸了很多專業的知識與技巧，但回到家卻沒人能跟他聊聊這方面的話題，結果就是三天打魚兩天曬網，學習效果大打折扣。

因此我建議，讓孩子在養成習慣的過程中，提供給他一個沉浸式的學習環境，讓他無時無刻都能接受到相關資訊。比如，爸媽雖然不懂音樂，無法參與練習，但平常可以在家裡打開收音機的古典電台，或是聽古典CD，讓孩子習慣沉浸其中；又例如學英文，爸爸媽媽平時可試著閱讀英文雜誌，讓他們覺得英文是生活中的一部分，不會排斥學習它，漸漸地也會沉浸在英文的世界裡面。

方法4：了解孩子、投其所好效果更佳

除了沉浸式學習環境外，適當的獎勵對習慣的養成也很有幫助。但爸媽首先要知道「孩子喜歡什麼」，才能把他喜歡的東西變成獎勵品。例如有些孩子喜歡旅遊，你可以把旅遊當成他養成好習慣之後的獎勵，甚至將欲養成的習慣行為分數化，對孩子說：「從現在開始，只要你每天準時起床，並且摺好棉被，我就會幫你加5分；同樣地，只要每天晚上七點以前寫完功課，我便替你加10分。在暑假之前，如果累積總分超過500分的話，爸媽就會帶你出去玩。」當然獎勵不一定要是出國，你必須要知道孩子喜歡什麼，以其為誘因，慢慢將他導向目標習慣，通常在青少年期之前的孩子身上都會很有效果。

另外，透過不同的獎勵的方式，也可能得到不一樣的結果。心理學上我們會把獎勵分成「連續性的獎勵」和「間歇性獎勵」。所謂連續性獎勵，意指你每天都給孩子一些獎勵，例如當孩子每天都有做到你交付的任務時，就每天都買一包餅乾給他；間歇性則是可能三天才獎勵一次，或是每當他完成任務數次後，才提供一次的獎勵。一般而言間歇性獎勵的效果會比較連續性來得好，因為連

續性獎勵往往讓孩子產生期待心理，但只要有一次因故沒有得到獎勵，他的行為會退化回去；反觀受間歇性獎勵的孩子，因為不知道何時可以得到獎勵，所以即便某次你沒獎勵他，他的好行為也會持續得較久。當然，無論是哪種獎勵，最重要的是爸媽必須「說到做到」，達標後就應給予報酬，才不會讓孩子覺得你食言而肥，不願繼續養成你訂給他的目標習慣。

教導孩子正確的品德觀念

「送兒財富不如送兒品德」，在養成良好生活習慣後，接下來我們來談談「如何教導孩子正確的品德觀念」這個主題。為什麼「送兒財富不如送兒品德」？因為我認為，即便一個孩子未來在社會上很有成就，但一個人由內而外的品質並不會因為他的外在財富、地位、學位的高低而受到影響，「品德」給人一種更持久、更值得依賴的品質，並彰顯一個人更深層的價值。

華人往往自詡為「禮儀之邦」，但直至今日我們還在討論品德養成這個議題，其實很諷刺，因為這代表有教養的人或是行為已愈來愈少。相反地，在不遠的鄰國日本，他們則一直非常重視教養這件事情。撇開歷史情仇不談，我發現他們在教育孩子時，很注重品德的養成，無論從外在的禮貌到約束自己的行為等等都是，值得我們效法。

「尊重」的品德

有一年我帶著全家人去日本旅遊，當時我家孩子還很小，年紀最輕的約四歲左右，但在搭了

好幾次JR（日本鐵路）以後，發現只有一次被人讓座，且讓座的人還是個從臺灣過去的僑胞。我回台後非常納悶：「日本人為什麼都不讓座給小孩子？」於是問了幾個日本通的朋友，結果他們回答：「因為日本人的教養是不要造成別人的困擾，所以當要帶小孩出門時，就應該選擇地鐵或鐵路人較少的時段，這樣孩子自然能坐到位子；反觀如果是在尖峰時段搭車，理所當然不會有多餘的位子，且大家可能都忙了一天，很累，當你要求別人讓位時，就造成了對方的困擾。」聽完後我才恍然大悟他們的想法。我認為在這種氛圍裡，人人至少都會做到「尊重別人」這一點。

又例如前陣子有一個網路影片，影片中幾位年紀很小的日本孩子要過斑馬線，車子便停下來禮讓他們，這些孩子過馬路中有向駕駛示意，甚至在過馬路以後，還轉過頭來，跟駕駛90度鞠躬。這段影片被瘋狂傳閱，然而這是個特例嗎？絕對不是。因為只要有去日本跟團旅遊經驗的朋友應該都知道，每當自己在過馬路時，日本導遊都會跟駕駛打招呼，駕駛也會回禮，這就是一種教養，一種彼此尊重的教養，是由內而外的人格品質表現。

如果從小養幫孩子養成這良好的品質，便會為孩子將來步入學校或社會時，帶來很大的好處，像是較好的人緣等等。因為一旦孩子有了尊重及感謝的習慣，身邊願意幫助他的貴人也會愈來愈多。

「待客之道」的品德

先前我們曾去日本沖繩參觀過一所小學校，孩子在學校上課的第一天，我們還在擔心若是語言溝通不良該怎麼辦，沒想到我們根本多慮了，沖繩在地的老師與學生從兩、三個月前就開始學習中文，因此當我們抵達當地時，他們都已經能用簡單的中文與我們溝通，甚至還學了一些簡單的中文兒歌，目的就是讓我們更融入他們的環境。

另外我們也發現到一些小細節，比方說教室牆上貼著的海報，上頭有各國的服飾和相關事物，其中也不乏臺灣服飾或臺灣便當的圖樣，一眼就能看出是要讓我們感到賓至如歸、感到受重視，所以特別加上去的。我認為當他們的老師從小就這樣以身作則帶領下，久而久之，沖繩的孩子們自然也會對我們這些遠道而來的客人展現親切的待客之道，這種精神不僅表現在學校裡，也會貫徹到家庭和社會生活。

「負責任」的品德

還有另一個很重要的品德，我認為讓孩子愈早學習到是愈好的，就是「責任感」。很多人會覺得負責任很辛苦，因為少了自由，覺得兩者「魚與熊掌不可兼得」，但其實完全錯了，因為唯有善盡責任後，我們才會有更大的自由。這種哲學上、形而上的理念，一定要讓孩子在生活當中體會到。

我認為有幾種方法可以幫助孩子從小養成責任感。第一，不論孩子的能力多麼弱小，我

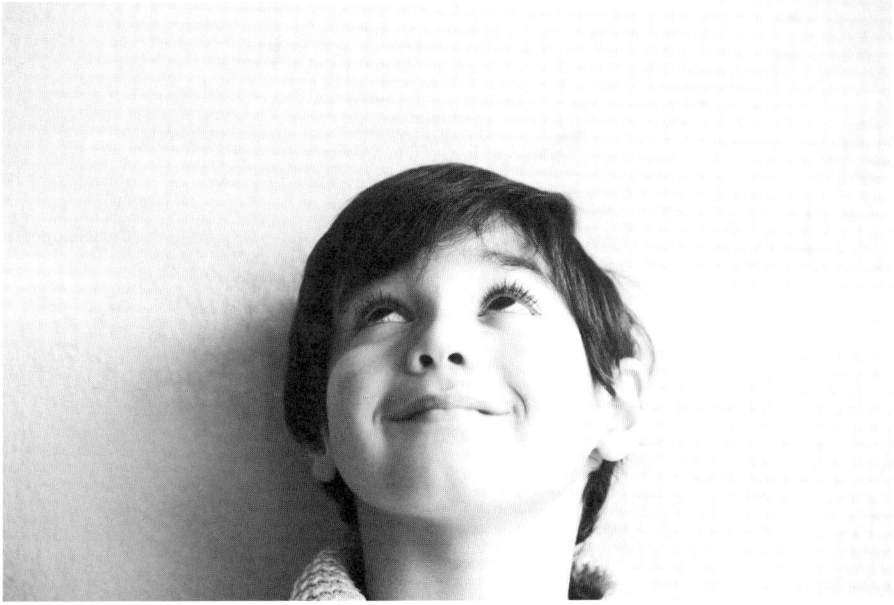

們都可以賦予一些他可以擔當的責任。例如年紀小的孩子可以在吃飯的時候幫忙擺碗筷，年紀大的孩子可以幫忙端菜、洗碗，讓每個人在家庭事務工作當中，都合理地分配幫忙，結束後大家可以一起放鬆一下，藉此讓孩子體會到，因為有這麼多人一起參與，所以大家才可以一起享受晚飯時光。如此他們便知道「負責任並不會少了自由」，反而是不負責任，後面才沒有辦法享受到更多的自由。當然，孩子完成責任後，父母也要記得用幾句話給予鼓勵。

當然，各國的民族性不同，我們也不建議完全將日本人的那一套原封不動抄襲過來使用，畢竟凡事有利便有弊，日本的這種品格養成好處在於服從性高，但壞處則是可能較缺乏創意，且在過度嚴以律己的自我規範下，容易當「責任不在我這邊」時就置之度外，因此我們可以參考他們的作法，但不宜直接將所有的經驗複製過來。

「凡事不要麻煩到他人」、「時時保持禮貌態度」、「對周遭環境視如己家」，這些都是良好品格的表現，需要很高的自律性。其實教養品德不止如此，還有像是「誠實」和「勤勞」等，無論是哪種品德，建議一定要從小培養，會容易許多，重要的是家長們必須要以身作則，如果只出一張嘴，那樣效果絕對會大打折扣。

在這個快速進步的時代，我想一個具有高尚品德的人，他的價值一定會愈來愈突出，因為有愈來愈多工作能給機器代勞、愈來愈多的思考可以被AI人工智慧所取代，但即便再進步的AI，也無法像人類一樣有與生俱來的品德特質，所以當我們邁入21世紀後，更要著重每個人的品德教育，如此，未來才會繼續由我們人類來主宰。

聽話的孩子 vs. 叛逆的孩子

爸媽們總是希望孩子是聽話的，但如果家中的孩子是「聽話的孩子」，請先不要高興得太早。

首先，分析「聽話」這兩個字的含意，請先思考一下：

第一、你的孩子「聽」誰的話？是聽爸媽的話，還是聽自己內心的話？

第二、這個「話」是一致的，還是混亂沒有標準的？

第二點可能比較複雜，在此舉個例子說明。假設爸媽叫孩子吃飯的時候不要看電視，但自己吃飯時卻一直看手機或看其他東西，這就是所謂的「不一致、沒有標準」，這些行為容易讓孩子覺得很混亂，不知道標準在哪裡。

太聽話的孩子容易沒有自己的意見！

對於太聽話的孩子，套句股票的術語即所謂的「短多長空」（指短期看漲、長期看跌）。太聽話的孩子比較沒有自己的意見，容易被養成媽寶。例如天氣轉冷時，有些孩子會問：「媽，我今天要穿幾件？」假設兩三歲、四五歲的孩子這麼問很正常，但如果是十歲、十五歲、二十歲的孩子就不太適合。

孩子若只會聽爸媽的話，沒有自己的意見，其實是前途可慮的。但為什麼有些孩子小時候不聽話，長大後又蠻有成就？因為他很早就有自己內心的聲音出現，對自己喜歡什麼東西有清楚的想法。有些孩子可能不喜歡念書，比較喜歡交朋友、運動、畫畫，但這些在傳統的世代觀念裡，叫作「雕蟲小技」，或者叫「業精於勤，荒於嬉」。對許多爸媽來說，看到孩子對這些事情有興趣，可能會說：「唱歌有什麼用？會交朋友有什麼用？」

我個人相信每個孩子喜歡什麼，先天因素占的比例比較大。有些孩子開竅得比較早，會判斷自己想要什麼，所做的選擇可能和大人要他聽的話不太一樣，導致親子間容易產生矛盾和衝突。我期許我的孩子「可以不聽話，但是要積極」，做自己命運的主宰！

Q 當孩子的意見與我不同時

當孩子選擇的路和爸媽期望不同時，大人必須先退一步，順著孩子的意思走一段路試試看。假設孩子喜歡畫畫，可以試著栽培他走一段路。舉例來說，我家老二屬於興趣比較廣泛的小孩，喜歡畫畫、音樂、跳舞，本身很有音樂感，小時候即使聽到沒有聽過的音樂，都可以跳出相對應的舞步，當他開始學會走路以後，我發覺他對音樂很敏感，便順著他的特性發展來栽培。

兒子小學一年級時，剛好學校有美術展覽，需要爸媽交三幅孩子的畫，由於當時時間太趕，我只好拿了他大班時的畫參展，結果拿到台北市銅牌。兒子對藝術比較敏感，相對來說，他對所謂傳統學科就覺得比較沒那麼有趣。若家中有這樣的孩子，許多爸媽多半會認為「畫畫很好，但是數學、國語、英文要更好才行」，這樣的想法其實就是和孩子的天賦在拉扯，就如同孩子明明是一隻老鷹，爸媽卻要他像隻松鼠學爬樹，反而會讓親子都很痛苦。

孩子為何不聽爸媽的意見？

當爸媽覺得孩子「不聽話」時，可能是因為他心中已有自己的想法，孩子雖然不聽爸媽的話，但選擇聽了自己內心的話。在建立孩子聽話的基礎上，爸媽應該做到「因材施教」。這四個字是兩千多年前孔子所提出的觀點，時至今日，我們在「教育」上花了很多心力，不斷實行教改，但卻在「因材」上做得很少。

所謂「因材施教」，爸媽應該要探討孩子是什麼材料、什麼植物，該給他什麼樣的陽光、土壤、養分、水分。但東方爸媽往往強調「五育並進」，孩子哪一部分表現較不突出就必須加強補足。當爸媽逆著孩子的天分，要他走在不適合的道路上，不但孩子痛苦，爸媽也會很痛苦。

我從來不給孩子強加很多的才藝或補習，而是採取「孩子想學，要先求爸媽」的方式，孩子必須充分展現想學的熱忱，才會送去學。藉由這樣的過程，爸媽也能知道孩子的學習動力是否足夠。因此，當你煩惱「為什麼孩子那麼叛逆？為什麼都不聽我的話？」時，請先想一想自己是否做到「因材」，是否有順應孩子的天分給意見。

家有叛逆的孩子，我該怎麼做？

當家中孩子不聽話時，很多人容易在第一時間把孩子叛逆的原因歸咎在另一半或孩子身上，卻沒有冷靜想過孩子為什麼會叛逆，以及自己可以怎麼做，面對叛逆的孩子總覺得心很累。

會覺得心很累，是因為自己的心是糊塗的，就如同迷迷糊糊走入一座森林當中，走不出盡頭，這時候只要靜下來好好想一想，試著和自己對話，突破一些迷思以後，就能走得更輕鬆。因此，當家中孩子叛逆時，建議先冷靜下來多想一想，才能用比較理性的方式看待孩子的問題。

案例收錄

帶叛逆的孩子接觸美的事物

十幾年前我曾獨自一人到花蓮旅遊，當時還沒結婚，選了某個上班日到海邊走一走。還記得在海邊的涼亭休息時，有一對父子也來休息，看他們的自行車裝備應該是環島，爸爸的年紀目測約莫五十，兒子應該是國中生，外表看起來有些叛逆的樣子，既染髮又刺青。我們眼神交會後只有互相點個頭，並沒有多說什麼，他們吃點東西便繼續往前騎了。

後來我回到民宿休息一會兒，請民宿老闆推薦附近好吃的麵店。來到被介紹的麵店用餐時，才剛坐下來就見到那對父子走進店裡。當時整間店幾乎滿座，我一個人剛好坐在四人桌的座位，便請這對父子共坐同桌。

席間大家邊吃邊聊，我問他們今天是不是休息，不用上班上課？只見爸爸面色略帶尷尬，兒子也很識相地說他先出去買個飲料。和這位父親單獨聊了以後，才知道原來這個孩子因為在學校打架、偷東西而被退學，爸爸本來是一間外商公司的高階主管，平常忙著賺錢養家，讓太太負責照顧家裡，孩子的事他也沒有多管，所以當接到退學通知書時，第一時間非常生氣，氣自己的太太為什麼沒有把小孩管好。

這位父親嘆了氣，向我說：「古人常說『養不教，父之過』，我當時開始反省自己是不是有什麼過錯。」他才發現孩子成長的重要過程自己大部分都沒有參與，許多合照裡面沒有他，舉凡幼兒園畢業、小學的第一次成果發表會、家長日，甚至小孩子的生日，他都缺席。

孩子被退學的那天晚上，這位父親敲了孩子的房門，問可不可以進去，孩子原以為爸爸要罵他，打開房門都不敢講話，結果他向孩子說：「你今天走到這一步，爸爸也有責任，爸爸先跟你道歉。你會接觸打架、偷竊那些醜陋的東西，是因為爸爸沒有帶你去接觸美的東西，所以從明天開始，爸爸會帶你去看看世上那些美的東西，這樣你就懂得分辨美醜，不會再去接觸那些醜惡的東西了。」

第二天這位父親向公司申請留職停薪一年，因為他平常表現良好，所以董事長也批准了。他決定帶孩子先從臺灣開始出發，去看看美的東西。他們買了腳踏車，自帶帳篷環島，沒有選擇住在飯店，騎到哪裡就找附近的校舍或安全的地方搭帳篷，已經騎了兩個多星期。

當時我問這位爸爸：「兒子在旅行過程中有沒有什麼改變？」他告訴我兒子雖然沒有多說什麼，但是愈來愈願意和他講話，甚至有時候還會撒嬌，彼此的距離更近，他覺得兒子的心有回來。

關於案例，我是這樣想的

接觸到這對父子對我有很大的影響，因為那時我快結婚了，旅程見到的這位爸爸就如同上帝派來的一個天使，讓我清楚知道當一個爸爸的責任不是只有賺錢、養家，而是用一個比較高的標準為小孩設立辨別美醜善惡的能力。當時我告訴自己——未來我當爸爸的責任很簡單，就是多帶小孩接觸美的事物，例如一起露營、欣賞藝術、學習一種樂器、一起欣賞美麗的花花草草，讓他們的心靈累積這些美好的回憶，他們自然會懂得分辨世上的美醜、善惡與好壞。

案例收錄

青少年階段的孩子是獨立還是叛逆？

臺灣這幾年有一個很嚴重的青少年問題，就是「毒品問題」。每年寒暑假結束後，都有許多父母向我求助，因為家中孩子染上毒品。現在的毒品偽裝得很厲害，看起來就像糖果或是其他無害的東西，孩子有時被同學一激，或是在不知情的情況下，便開始染上毒品。

我曾接觸過一個案例，一位女學生在國三升高一的那年暑假，被朋友邀去KTV，開始染上毒癮。一開始她的父母並不知情，有一次這個女孩的皮包掉了，剛好被人撿到送至警察局，結果警察局打電話叫女孩和她的父母到警察局認領。一開始她父母覺得很奇怪，這種事情一般只要叫女兒到警察局認領就好，為什麼要叫父母一起去？後來到警局才知原來警察從皮包裡發現毒品。

警察透過女學生的手機，查出有人供應毒品，便用LINE把這個人釣出來，女學生則需定期驗尿。女學生的爸媽感情本來就不好，發生事情時雙方互相譴責，鬧得更僵。據我所知，這件事情後來成了兩人離婚的最後一根稻草，女兒則流落在外，下落不明。

一個高一的女孩子沒有謀生能力，又流落到險惡的環境中，著實令人擔心，她的媽媽每天以淚洗面，完全聯絡不到孩子。有一次這女孩生日快到的時候，用外面的公用電話打給媽媽，說過幾天是她生日，她想回家，媽媽聽了當然很開心，結果孩子回家時立刻說：「媽媽，我生日可不可以送我一隻iPhone手機？」媽媽也很開心地答應，想不到女兒拿到手機後就不見了。這個案例是真實的例子，也是我們現在社會中仍然存在的嚴重青少年問題。

關於案例，我是這樣想的

以前我在美國的時候，主要從事移民家庭的青少年服務。移民家庭的小孩較容易誤入歧途，因為不論英文學得再好，東方人黃皮膚、黑頭髮，一看就和白人、黑人不一樣，所以總是會遇到一些有意無意的欺負、霸凌，有些有心人就會說：「你被欺負了來我這邊，我罩你！」表面看起來是保護你，其實他和霸凌者都是一夥的。等到被吸收之後，對方一開始會先給一些好處或是零用錢，之後就慢慢開始叫你做一些事情，例如幫忙收錢、運送不知名的東西（如毒品）等。

我當時在美國舊金山的非營利組織做青少年輔導，接觸的孩子都是父母眼中叛逆青少年，但是我愈輔導愈覺得「沒有所謂的問題青少年，只有青少年問題」。兩者有何不同呢？問題青少年是指這個小孩有問題，但如果用一個「他為什麼叛逆」的問題看下來，就會發覺是個青少年問題。

一般大家常說的「青少年叛逆」大約是指十幾歲的階段，青少年開始長高，發展第二性徵，本身就處在一個暴風期。因內分泌的關係，男生會長肌肉、長鬍子，女生則開始長胸。這個階段的青少年會害怕，不知道該如何調適，對自我的認同開始產生一些茫然，但是父母又會說：「你那麼大了要學會獨立。」

什麼叫獨立？你十幾歲的時候怎麼知道什麼叫獨立？對許多青少年來說，獨立就是脫離父母，不想凡事依從父母的意見，父母說東自己就往西，認為只要和爸爸媽媽不同，就代表彼此是兩個不同的個體，你是你、我是我。當然這是不成熟的想法，但是在十幾歲青少年的想法裡面，大概就只能想到這些。

青少年在面對自己的青春期階段時，本來就有需要跨越的一些障礙，所以不是青少年有問題，而是他們要面對許多難題。當父母不了解這些現象，就容易給孩子貼標籤，覺得孩子叛逆、不受教。這些標籤都會讓孩子不自覺自我催眠，認為自己可能不是一個聽話的孩子，於是開始放棄取悅父母。

事實上，每個小孩天生都有想要取悅父母的本能，尤其是年紀愈小的小孩，爸爸媽媽只要臉色一變就開始害怕，因為他們想要看到爸爸媽媽開心的樣子。可是為什麼會有叛逆的小孩？叛逆的小孩長期以來沒有辦法取悅父母，因為即便做得再好，父母都會覺得是應該的，比如每個月花三萬塊補習，考一百分是應該的。

所以孩子到後來就放棄取悅父母，因為不管怎麼做父母都覺得理所當然，於是他們會開始走自己的路，做自己想做的事、最酷的事，也漸漸不和爸爸媽媽溝通。我認為要定義所謂「叛逆的小孩」之前，大人應該用比較寬廣的思路來看待孩子的問題，例如站在孩子的角度思考，勿將孩子的行為先貼上叛逆的標籤，才會看得更全面。

別把自己的焦慮放在孩子的肩膀上

從小我們就常聽到一句話：「別讓你的孩子輸在起跑線上」，這句標語可能出現在補習班廣告文案、出現在才藝班老師口中，但我覺得，其實這會引起父母不必要的焦慮，讓他們有種「一旦輸在起跑點上，孩子這一輩子就沒救了」的錯覺。

我覺得只要換個角度思考，爸媽們就能理解其實這種焦慮並不必要。現今是個講求終生學習的社會，用比喻來說，學習像一場馬拉松，甚至是場超馬，而非一兩百米的短跑比賽，因此起跑較快的優勢並不是那麼明顯，相反地，是否具備持續堅持下去的耐力，才是影響孩子未來發展的最大變數。

扭曲的社會觀念讓父母產生焦慮，接著便會引發一連串行為。例如，為了讓孩子就讀好的大學，所以開始回推，規劃在此之前必須先考上好的高中、好的國中、好的國小、好的幼兒園，接著便衍生出一種亂象，讓父母焦慮的情況下就將一、兩歲的幼兒送去昂貴的教育機構，導致高收費教育機構如雨後春筍般愈開愈多，但真正合格而優秀的教師有那麼多嗎？肯定沒有。所以我們才會時常在新聞上看見許多收費昂貴的機構發生離譜的問題，這些問題背後，過度焦慮的父母其實也都推了一把。

我們以其他國家做為反例。相比台灣現今幼兒園提供外語教學已成常態的狀況，很多教育品質排名世界前列的國外小學，如德國、瑞典、芬蘭、紐西蘭，反而不許要求孩子在這階段學習其他外語。他們認為，未來學習其他語言的時間還很多，結果事實也證明，這些非英語系國家的孩子，長大後外語能力也沒有比較差，因為他們不覺得學習是種「要贏在起跑點」的事情，沒有過分壓力，學習效果才能彰顯。反觀太多華人父母太重視「佔得先機」這種事情，導致反作用，讓孩子在很小時就承受許多壓力，學習變成一件無聊甚至令人痛苦的事情。

綜觀父母焦慮的來源可能有好幾個，第一是「比較」，當父母得知自己朋友都將孩子送去學習不同的才藝班時，就覺得自己的小孩不能輸，因此盲目跟進；第二是源自「彌補自己童年時的不足」，這些父母可能小時候想學鋼琴，但是家裡環境不允許，無法供養他去做這件事情，因此在心裡留下遺憾，直到長大成為父母後，就把這種補償心理投射在孩子身上，寄望孩子未來可以完成自己的夢想，即便孩子可能根本沒有這方面的天分或興趣，結果就形成拉扯，孩子學得很痛苦，父母也得不到成就感；第三個焦慮來源是「父母對孩子的不了解」，父母不清楚孩子的優缺點，就妄下結論，認定孩子無能，必須按自己的規劃才能避免將來一事無成，這種焦慮顯現出父母對孩子的認識不夠，如果

認識得足夠深入，其實只需對孩子的優勢做重點培養即可，因為孩子未來的世界並不是要當「第一」，而是要當「唯一」。「第一」是個不切實際的概念，永無止盡的空泛目標，但「唯一」代表獨一無二，擁有個人特色、想法、理念，才能不被取代，具備獨特的競爭力。

當爸媽將這類成就上的焦慮放在孩子身上時，會有什麼影響呢？每個孩子的反應不盡相同，但大致上可分成兩大類。其一，孩子的能力很好，成長過程中完全滿足了父母對他成就的渴望，譬如父母期望孩子可以念第一流的大學，這孩子的確念到了，但他同時卻犧牲了過程中孩子探索快樂的機會和時間，結果進入社會，變成一個高IQ（智商）低EQ（情商）的人，他們不知道快樂為何物。這結果對孩子本身或父母真是好事嗎？

最近有個很紅的新聞，一名中國北京大學學生，在通訊軟體上封鎖了父母六年時間，且十二年來不曾回家，甚至還寫了一篇萬言書，控訴他父母的愛太過沉重。試想北京大學是間多麼競爭的學校（2018排名全球第27名），萬中選一的人才才能考上，因此這個學生的智商、努力絕對都毋庸置疑，他滿足了父母的期待，卻滿足不了自己的渴望，這是很悲傷的例子。

第二種結果則是孩子的能力和興趣根本無法撫平父母對成就的焦慮，所以從小到大，就只能成為父母眼中令人失望的孩子。這類孩子一樣不快樂，因為他連自己的父母都取悅不了，甚至早早和父母反目成仇，如此例子在華人社會中比比皆是。反觀我認識的一個美國朋友，他大學畢業後以打工方式遊歷了大半個世界，最後選擇在上海做專業調酒師，換作一般華人父母，或許會覺得在酒吧當調酒師並非多高尚的工作，便會想盡辦法阻止。但他本身就很喜歡調酒，從高中開始出來打工，他自己花時間研究調酒，經過各種實驗和嘗試，如今在這行也做得有聲有色，一個晚上下來光是客人給的小費妥妥的超過一千多元人民幣。他的收入好，生活也快樂，這樣的人生肯定是為人父母所樂見的，但前提是你必須接受並鼓勵他才行。

其實很多時候問題不在孩子身上，反而父母自己的觀念要調適才對，不能永遠處在一種「萬般皆下品，唯有讀書高」，或是傳統「士農工商、三教九流」的意識裡，畢竟現今外在世界變化萬千，很多職業過十年後，可能就變得不重要甚至消失了，如果還是堅持孩子一定要唸哪個科系，說不定其實是害了孩子。所以我認為比起替孩子規劃一切，更好的方法，

是教導孩子自己去拓展視野的能力，發揮他的長處，才有可能達成專屬於他的獨特成就。

我認識一對父母，小孩國小畢業後就送到美國念書，父親留台灣賺錢，母親則在美國陪讀並照顧兒子的生活，典型的「內在美」。這小孩功課方面其實很爭氣，大學考取常春藤大學的法律系，並且考取紐約州律師執照，許多一流的法律事務所紛紛送上聘書。父母高興極了，心想幾十年的辛苦通通值得了！雖不指望他孝順父母，但兒子接下來肯定衣食無憂了。沒想到兒子告知他們，他並不打算去這些大型事務所為有錢的企業與富人服務，而是想要去社福機構為窮人免費打官司（pro bono），他認為這些人身為弱勢族群，不懂法律，更需要他的法律專業。這對父母傷心透了，想不通為何兒子要做出這種決定？最後跟他深談了好幾次之後，兒子的一句話讓他們由傷心轉為驕傲。「你們當初送我來美國是為了讓我有個better life（更好的生活），但是無形中我更想有個better world（更好的世界）」。

天下父母心，讓孩子衣食無憂是每對父母的本能目標，但是當孩子有能力超越這小愛，做父母的也該超越本能的枷鎖，試著以孩子的視角接納他的選擇。

不要依賴「父母的本能」來教養孩子

在太太在懷孕之前，我開車的速度一向偏快，但在她懷孕之後，我開車的速度就慢下來了，不准她坐在前座，甚至偶而看到前車貼有Baby in Car的車貼時更會刻意和它保持距離。那種心態的轉變很奇妙，因為當你知道身邊即將誕生一個新生命時，你就會不自覺地想為他負責，甚至不需要親眼看到對方，也能做出充滿父愛／母愛的舉動，我認為這就是「本能」。身為父母，有些地方光靠「本能」就可以做得很好，但有些事情我們不能只靠本能，因為人生問題太多了，一旦我們只憑本能來作判斷，最終一定會遭遇滿坑滿谷的問題。

大概從二十多年前開始，坊間開始了出現「父母成長班」這類課程，這是過往所未見的，畢竟在此之前，父母的存在於家庭中就是天與地絕對的權威，但愈到近代，我們愈可以發現這種「父母代表著完美」、「世上無不是的父母」的觀念逐漸式微，我們開始發現父母的盲點，需要時時去學習，而不是憑藉著倫理上的地位來命令、指導孩子一舉一動，要孩子將自己的理念奉為圭臬。「父母的本能」從此不再凌駕一切，反之，大多數時候我們得學習依靠本能以外的方式來教養孩子。

本能存有盲點，讓父母看不清事物全貌

以我的例子來說，在父愛本能的驅使下，我十分注重小孩的安全，盡量不讓他們暴露在危險的環境下成長。於是在他們剛學會走路、學會蹦蹦跳跳到處亂跑時，我就把家裡所有存有尖銳角落的地方以泡棉黏貼起來，讓他們可以自在地玩耍，不會因為一個不小心就受傷流血，這是本能促使我做出的舉動；同樣地，我的本能也告訴我，一旦孩子做出危險的行為，我就應該即刻糾正、責備他，因為「安全第一」。

所以當某次孩子在浴室裡，刻意不走在防滑地貼上結果失足滑倒時，我的本能就馬上提醒我：「該要教訓他，要他記取教訓才行。」我當時已準備舉起手，往他屁股打個幾下，但最後忍住了，我覺得他跌倒已經夠慘了，因此暫且軟下心來，趁著替他吹頭髮時才隨口問他：「為什麼你剛剛不踩在防滑貼紙上？」沒想到孩子的回答令我頗為震驚，他說：「因為這是爸爸辛苦貼的，我捨不得踩。」天呀，我霎時心想：「還好剛剛沒有按本能驅使責打他。」我為他的窩心大力地抱了他一下，並提醒自己，日後所有的舉動，一定要三思而後行。

如果當時我不明就裡地對他一巴掌打下去，那孩子心裡會有怎樣的感覺？他會不會覺得「我跌倒已經很痛了，爸爸還打我」或者「我替爸爸著想，爸爸卻因此打我，他是壞人」呢？你不會知道孩子心裡面的負能量會如何轉化。這類狀況如果只發生一次可能還好，但如果是十次、二十次、一百次，那這孩子往後和我的親子關係肯定會出現質變。我這才強烈地理解到，身為父母，不能純粹依賴本能和反射動作來處事，凡事多問幾句，多理解背景原因，既可減少誤解的機會，更可增加溝通的時間，同時訓練孩子的表達能力。

除了「本能」以外，父母該要學習更多

「本能」是把雙面刃，有好有壞，在本能之後其實有更多父母該懂的學問，這幾門父母必修學科，會減少你和孩子間的誤會，並驅使自己和孩子都擁有更好、更歷久不衰的生活品質及親子關係。

第一，父母要學習了解自己

人類一向是「了解他人多過了解自己」的動物，往往犯錯卻不自知，父母這個角色更是如此。例如，很多父母會因為本能驅使，為孩子的未來感到焦慮，因而給了太多壓力導致孩子覺得痛苦。如果這時身為爸媽的你能夠好好思考，重新檢視自己、了解自己焦慮心態背後的原因為何？是因為想給孩子快樂的人生嗎？那麼自己的這個行為，真的有讓孩子更快樂嗎？反覆自我問答，深入了解自己後再下的決定，絕對會比憑藉本能做出的選擇來得精準許多。

第二，父母要學習讓自己快樂

父母的諸多本能中，有一種本能是「凡事以孩子為主」，看似立意良善，但依靠這樣本能的父母卻常常被它的副作用所困擾。有太多父母為了讓孩子快樂，而讓自己不快樂，他們在成為父母之後就放棄自我了，犧牲掉追求學問、興趣、工作、社交等生活品質，以為這樣子可以成全孩子，可是不然。過於犧牲奉獻的父母常常內心是不滿的，儘管他們沒表現出來，孩子也都感受得到，反之，能讓自己也感到滿意的父母，會有專屬自己的社交生活、在下班後與孩子聊聊自己工作的狀況，或分享生活趣事，與孩子有活力地互動，讓孩子感覺自己的爸媽對人生存有熱情；唯有父母自己也是個快樂的人，孩子才能真正地追求屬於自己的快樂人生。

第三，父母要學習和孩子溝通

「命令」是父母與生俱來的本能之一，不過由上對下的發號施令，久而久之便容易使親子關係疏離，所以學會「溝通」絕對是父母必須學習的一門課程。溝通還會隨著孩子的不同發展階段而有所差異，例如孩子還是小寶寶時的溝通，爸媽便要跟他站在同一個視角，滿足他充滿好奇但表達方式有限的世界，以循循善誘的方法去溝通；而當孩子從兒童期進入青春期時的時候，溝通則變成一種引導式的過程，不能永遠給他答案，反該是教他怎麼去思考事情的因果關係，讓他學習為自己的行為或態度負責。

第四，父母間要學習良好的共處模式

人一旦有了孩子，本能上就會以父母的身

分、角色來面對所有問題，但其實我們都忘了，孩子之所以會成為我們的小孩，最主要原因出自你和另一半間相戀相愛的結果。所以一個家庭中除了維持良好的「親子關係」外，也不得忽視與其環環相扣的「夫妻關係」或「伴侶關係」。如果爸媽兩人只把全部心思都放在孩子身上，而忽視彼此，那麼等到孩子羽翼豐滿那天，爸媽就會變成大眼瞪小眼，愈看愈不順眼的狀態。父母，是一個團隊，多了解你的隊友，多截長補短，才能讓你們對孩子的愛更面面俱到，且感受到父母間彼此感情良好的孩子，往後的戀愛觀、婚姻觀大多也會更有信心。

父母和孩子都要學會勇敢承認錯誤

有句俗話說：「天下無不是的父母」，但當我開始教養孩子時，我才發現根本不是這樣子。因為父母會在很多情況下犯錯，可能是自己很累的時候，或情緒不好的時候，此時就容易先入為主地錯怪孩子；既然大人會犯錯，孩子當然也會，這是很正常的事情。孩子錯時，我們身為父母，就必須給他們正確的引導，讓他們勇於承認錯誤並試圖改進，讓錯誤成為他們成長的動力，這才是犯錯能帶給來子的價值所在。

以下這個單元，我們將告訴爸媽們如何以身作則承認錯誤，並引導孩子也勇於承認錯誤。

爸媽自己以身作則承認錯誤

對很多大人來說，「承認錯誤」是件難上加難的事情。例如有些父母錯怪孩子，當孩子反駁時，父母會覺得跟孩子道歉有失顏面，有失作為父母的尊嚴；又或者有時父母容易開空頭支票，答應孩子一些做不到的事情，結果孩子發現受騙後，父母還會衍生出各種藉口，如自己太忙了，或指責孩子後來表現差，因而不應獲得承諾兌現，更不用說道歉認錯了，甚至覺得「如果現在對孩子道歉，他們就會爬到我頭上來了，這樣以後我要怎麼教孩子？」所以拒絕承認錯誤。其實我認為恰恰相反，既然我們都希望孩子犯錯以後能坦承錯誤，與其口頭上說百遍千遍，還不如以身作則，讓孩子從我們身上學習來得更有效果。

以我家中孩子為例，我家的兩個弟弟平時表現總是比較頑皮、而大哥相對聽話，此時我對他們已經有了刻板印象，因此當某天我回到家時，聽到大哥向跟我告狀說「弟弟又欺負我了」，我就可能因為上班很累、心思疲乏所以不想當柯南，先入為主地認為「一定是弟弟們

的錯」，便責罵弟弟們。但我不知道的是，整件問題可能源自於大哥太愛告狀了，一點雞毛蒜皮的小事都要向爸爸媽媽投訴，即便弟弟們只是開個無傷大雅的小玩笑也不例外。因為我的不謹慎行事，導致被責罵、受到委屈的弟弟們心裡很不舒服，說不定又會回頭去找大哥報復，如此一來，原先的小事反而變得更嚴重也不無可能。所以說，父母在仲裁小孩的事情時，應該要先讓自己心平氣和去理清事情發生的經過，而不要被自己當下的情緒給誤導才是。

這樣的事情發生幾次下來以後，我才發現是我自己錯怪了弟弟們，於是我選擇向兩個弟弟道歉，說是我誤會他們了，對不起，然後讓兩個弟弟們重新把事情經過再說一次藉此釐清真正的狀況，並且警惕自己，下次一定要在釐清事情以後再對孩子做獎懲，而不是先入為主地行事。孩子在我道歉的行為上，也能夠認知到我是個會公正處理問題的爸爸，且願意去承認、承擔自己犯的錯誤。

我覺得在處理孩子的過錯時，讓他們感到「公正、公平」是件很重要的事情，這不僅僅是在大人面對多個孩子的情境上，這個天秤，爸媽也該放在自己身上，才不會讓孩子得到「大人都可以犯錯，小孩子都不可以犯錯」的扭曲觀念。其實孩子發現大人的過錯時，並不是要大人去道歉或是彌補，而是希望得到公平對待，所以我覺得回到原點，一個正向的心態，如果爸媽將「道歉」視為一種以身作則的身教，那麼尊嚴、面子等等問題，就不會成為阻礙了。

當然還有一個關鍵，那就是在大人承認錯誤以後，不可再重蹈覆轍。例如大人常常會在教孩子餐桌禮儀時，要求孩子沒拿筷子的那手得扶著碗，但偏偏自己卻常常忘記這麼做，結果孩子自然便會糾正大人，但大人可能會找藉口，可能會道歉，但就是老改不過來這個壞習慣，這時孩子就會覺得，反正犯錯時只要說聲「對不起」便可了事，毋須改進，如此一來，道歉這個行為就成為空泛的形式而已，完全失去它原應有的意義。

案例收錄

不會道歉的父母，對孩子會有什麼影響？

曾經有個諮詢案例，一位有著女強人形象四十多歲的女老闆，她雖是家裡四個姊妹中的老么，成就上來說卻是最好的，也非常孝順。那麼她為什麼來諮詢呢？因為她對自己非常沒自信，即便外人認為她的生活、工作表現都光鮮亮麗，但只有她自己知道自己過得並不快樂。

在諮商的過程中，我得知了她今天有如此成就卻沒有自信心的原因——她母親對她的態度。這位女老闆從小和媽媽出門，被大家誇獎可愛時，媽媽總會說「哪有，我們這個老么的，又黑又醜，跟醜小鴨一樣，又瘦又矮」，這種話她從小聽到大，長期下來心理就變得自卑，且除了外貌以外，課業上的成績也比不上姐姐們，所以她很早就認清自己在讀書方面沒有天分，便在高中畢業後和媽媽說自己不要讀大學，想出去工作。她的媽媽或許也沒有指望她在讀書上有什麼成就，所以就答應她。幸運的是，早早踏進入社會的她，意外發掘自己在經商這條路上很有天分，所以漸漸地便有了今天這番成就。

只是對她而言，這樣的成就似乎還不足以幫助她建立自信。自己是四姐妹中最會賺錢的人，所以經常拿錢回家孝敬媽媽，也常常帶媽媽出國玩，心裡渴望獲得媽媽的認可，但是媽媽卻從來都沒有誇獎過她、沒有適當地認可她，為此她相當受傷，於是對媽媽有種深深的不諒解。

而她決定來諮商的契機，是因為媽媽得到一種嚴重的疾病，已經住進加護病房，被判定病危了。長久壓抑的她，很想跟媽媽和解，深怕現在沒有說清楚心裡話，未來恐怕也沒有機會了。在這種急迫感下，她來找我諮商，想問我該怎麼開這個口才好。因此我就請她帶我去她媽媽的病房，起先她有點為難，但最後還是答應了。

到了病房，寒暄幾句之後，我向她表明我是心理師，接著我對這位媽媽說：「伯母，您的女兒很優秀。」接著又說：「這個女兒也很孝順，因為擔心您生病心情也跟著不好，變成憂鬱症，所以拜託我來。」同時我握著女兒的手，不讓她離開病房，因為我認為她需要聽到媽媽的說法。

媽媽答道：「雖然我從小不看好這個女兒，但她很孝順我。」這時我偷偷瞄一旁的女兒，她的眼眶已經泛紅，我便猜想，她可能從沒聽過媽媽這樣說過吧。

於是我接續著說：「伯母，妳這個女兒雖然很好，但到現在也還沒結婚，是因為她心裡面很沒有自信。」然後這名媽媽就對我說：「其實我也很擔心她。我也勸她，女人還是要找一個好的歸宿。她的父親很早就過世了，我一個人扶養四個女兒，忙著賺錢上班，沒什麼時間陪她，可惜現在恐怕活不了多久。她的三個姐姐早就結婚也有小孩了，所以我很擔心她。」

這時女兒就哭了，也安慰媽媽，說她一定會好起來。而媽媽看到女兒掉下眼淚，也說：「從小到大我都說妳最醜，功課最不好，但其實我也是最擔心妳。」

我看時機差不多了，兩個人也都軟化下來，便藉機離開病房，讓他們自己獨處。半小時候，我的個案走出來，她非常感謝我，說自己與媽媽談了很多心裡話，並鼓起勇氣對媽媽反應自己從小到大沒有得到媽媽肯定的這件事，她的媽媽真誠地向她道歉了，而她心裡的石頭也放下來，和媽媽真正和解了。過不久後媽媽就去世，但因為這次真心對談，雙方就此都沒有牽掛。有人說孝順要趁早，但我覺得親子之間如果有對對方做過一些錯誤的事情，那麼道歉和解也要趁早。

讓孩子學會承認錯誤

既然大人會犯錯，小孩子當然也會。對孩子來說，他們的世界正以飛快的速度在開展當中，他們從爸媽的襁褓裡漸漸成長，慢慢習慣在家中和大人、自己的兄弟姐妹相處，接著進入學校環境，開始和陌生人互動。每一個階段裡，孩子都必須去適應不同的變化，他們會有各種嘗試，因此不免發生一些錯誤，有些錯誤出於無心，有些錯誤則是他們不夠細心，或不夠有耐心所導致。這種時候，父母的重要性就會彰顯出來，因為若是小孩子犯錯的當下沒有得到父母的正向反應，僅僅受到責罵，被訓斥著「不能做這個、不能做那個」，而沒有得到一盞明燈時，他就只會接收到「我以後不可以做這個」的訊息，但是「我以後可以做什麼呢？」這個問題並沒有獲得解答，因此就容易一錯再錯，無法根治問題。

讓孩子知道錯誤在哪，而不是一味指責

舉個例子，當孩子在爭吵的時候，容易一時氣不過就出手打人，父母這時就會喝斥孩子「不可以打人！」好了，孩子之後或許不敢隨意動手打人，但他們還是會爭吵，還是會有

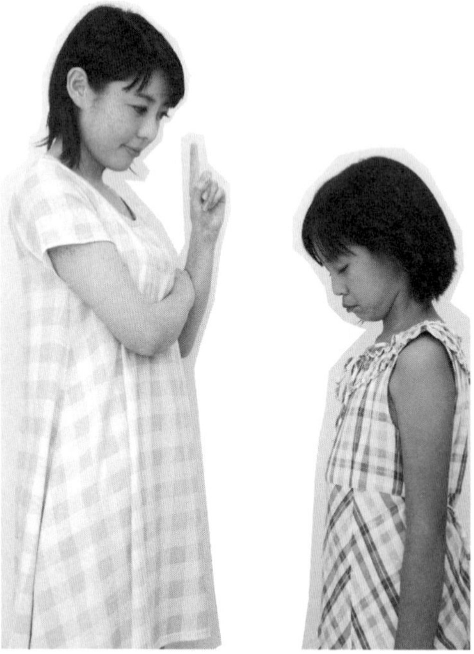

憤怒，這時他們該怎麼處理呢？他們並不知道。爸媽的責罵只暫時解決了眼前「孩子打人」這個問題，沒有正視問題源頭發生的原因，所以往後還是可能衍生出其他更多問題。

以上面的例子來說，父母這時應該引導孩子，並告訴孩子：「未來如果又有這類問題，可以先來告訴爸爸媽媽或旁邊的大人。」或是爸媽自己先深呼吸，想想該怎麼做會比較好，接著再給孩子一些選擇、建議，而不是僅用防堵的方式告訴他們不可以犯錯，這是不可能的事情。

其實孩子在犯錯時，爸媽可以把它當做是一個絕佳的機會教育時間點，你能趁機讓他知道下次若發生同樣狀況時，還有一些其他選擇，是大人或這個社會可以接受的解決方式。同樣地，當孩子犯錯，被你責罵時，你必須清楚傳達一個訊息：「爸爸媽媽不是不喜歡你這個小孩，而是不開心你做的這個行為。」因為愈小的孩子愈分不清楚這兩者的差異，這就是為什麼有些爸媽在責罵孩子的時候，小孩子會哭得很慘的原因。他們心裡面往往覺得「爸爸媽媽那麼兇地罵我，一定是因為不喜歡我」，所以選擇以撒嬌的方式來討父母歡心，而不是選擇改正錯誤行為，更遑論思考下次該怎麼做。

所以爸爸媽媽們要知道，比起在氣頭上說「我不喜歡你了，你這個壞小孩」，其實「你剛剛的那個行為，爸爸媽媽很不喜歡，雖然你平常是個好孩子，但剛剛的行為讓我們很失望」這樣的說法或許能得到更好的教養效果。

鼓勵孩子自己勇於承認錯誤、道歉

很多爸媽要孩子「自首」時，總是會說：「你老實跟爸爸媽媽講，我們不會生氣」，結果聽到最後還是生氣了，還是打罵了孩子，而孩子便有受騙的感覺，久而久之這種方法就如同放羊的孩子，再也不會有人相信了，而身為爸媽的你，從此更聽不到孩子對你說實話。

那麼該怎樣做才能正確引導孩子說出實話、承認錯誤，又不會失去他對爸媽的信任呢？以我兒子為例，他曾經有次在安親班裡拿拖鞋丟了另一名同學的臉，儘管拖鞋材質偏軟，對方也沒什麼大礙，但老師還是通知了我們家長來學校處理。一般家長在遇到這種問題時，往往會自己向對方孩子的爸媽道歉，並且責罵自己的孩子，但我的做法不一樣，我問兩個孩子「拖鞋是誰的？」對方承認是他的。我問這個孩子：「你的拖鞋怎麼會在他的手上？」這孩子只好承認是他先丟拖鞋的。當然兩人互相丟擲拖鞋擾亂上課秩序還是不對，因此我要他倆去跟老師跟全班同學道歉。

當然，要求孩子道歉的當下，我自己並沒有帶著生氣的情緒，這是很重要的一點，你不能讓孩子覺得自己是在被脅迫下「畫押」、有「被逼供」的感覺，而是要讓孩子感受到自己犯的錯誤必須要自己解決，不能讓爸媽來承擔。孩子在自己道歉的過程裡，才會學到責任感，理解到「之後無論做什麼事情，都要為自己行為負責」的道理，且因為自己道歉的關係，孩子才能體會到道歉時的處境和心情，那種心裡的掙扎，會使他下一次面臨同樣狀況時，想起先前經驗，三思而後行，打消可能會犯錯的念頭。

如果不捨孩子自己道歉，每每他們犯錯都由爸媽自己出馬，便容易發生兩種狀況。一是孩子會覺得「反正我犯錯，爸爸媽媽都會幫我解決」，所以問題之後還是會一而再再而三地發生；二是有時候過錯不一定全在孩子身上，可能對方也有某些問題，如果爸媽一味只想消弭紛爭，自己隨便向對方道歉了事，會讓孩子感覺到委屈，認為「又不全是我的錯，為什麼你們要道歉？你們是不是也覺得通通都是我的錯？」所以無法認同父母。如果讓孩子學會自己道歉，他們也會在該辯駁時為自己發聲，不至於永遠處在挨打的局面，這也是重要的一點。

教養老愛睜眼說瞎話的孩子請這麼做

首先，我們先去分析孩子為什麼會有這樣的心理？他們是出於怎樣的動機才會睜眼說瞎話？第一種可能，是孩子為了維持自己在父母心中良好的形象，他認為如果承認自己幹過那件壞事，可能就會被父母在心中定位成一個壞孩子；第二種心理則是孩子認為「睜眼說瞎話可以逃過一劫」，有一種逃避、耍小聰明的心態。

動機1：為了維持父母心中良好形象

在這種心態下，孩子為了討好父母、為了要維持自己在他們心中的良好形象，所以犯下了睜眼說瞎話的錯誤。這時父母們請不要輕易地戳破他，因為這是你們在教養上很大的優勢，你們應該儘量維持小孩子的這種期待，並且機會教育。在你辨別到孩子是因為這樣的心態說謊時，先給予他安全感，具體作法像是對他說：「爸爸知道你平常表現都很好，但是在你剛剛這個行為上，你犯了一個錯誤。如果你能承認這樣的行為，爸爸會認為你又多了兩個優點，又誠實又勇敢。」這會讓孩子敢去冒險承認自己做錯事情，並且願意改進。

但是要記得，即便他承認錯誤，身為父母的你們還是得給他一些處罰，而且這個懲罰應該要循序漸進。比方說，當你第一次發現他睜眼說瞎話時，首要教育目標是要他誠實承認，你可以先忽略掉一些對他的懲罰，引導他去承認自己的錯誤就好，但如果他一而再再而三的犯錯，就表示他沒有真正學習到你要教他的觀念，此階段的重點就不是要他承認錯誤就好，而是要透過適當懲罰，讓他知道事情的前因後果。處罰目標不是為了讓他心裡受挫，變成一個壞孩子，而是要他學習到你想告訴他的事情。例如當他屢次打

了弟弟妹妹以後，被你處罰不能玩玩具，這樣下次他要對弟弟妹妹動手時，就會受到懲罰的制約。

動機②：為了要逃避責任、耍小聰明

第二種睜眼說瞎話的動機是小孩子為了逃避責任所做的行為，他們可能會在犯錯後打死不承認，對你說：「你又沒有證據！」有的父母在聽到孩子這樣說時會覺得很好笑，其實這是不對的，因為孩子是很敏感的生物，你情緒反應會讓孩子得到「我這麼做是被允許的」的結論，因而一再這麼做，但他今天在小小年紀就開始想矇騙爸媽，難保日後到學校生活不會欺騙師長、同學。因此為了孩子著想，爸媽應該在確認孩子是想要小聰明時就果斷地制止才是。

愛的處方箋，爸媽可以這樣做！

Q 當孩子為了規避責任說謊時，我該怎麼處理會比較好？

我家有裝監視器，偶爾我會從錄像中發現一些平時觀察不到的事情。例如某次我回到家，三個孩子爭先恐後過來向我告狀，演變成羅生門，此時我靈機一動，對他們說：「我去看一下錄影帶，但在我看之前，有沒有誰要先跟我坦白的？」結果三個孩子馬上都沉默了。所以當孩子知道自己無法逃過你的法眼時，你可以先給他們一個臺階下，讓他們誠實地面對自己，如果他們還是敬酒不吃吃罰酒，那再依法公正處理。

當然有時孩子並非刻意撒謊，而是正處於強烈情緒中，無法正確回想剛剛發生的事情，也有一種情況是爸媽們看到的反而只是事實的表面，不是真相。這時要記住，如果你也不能確定到底發生什麼事情，就應該先跟在場的人一起討論，若結果一樣無法確定，那就先別糾結在這件事情上。這是一種機會教育，因為有時候一直去糾結一件事情，只會導致最後自己和孩子都不開心，你可以讓孩子知道你很在乎這件事情，但選擇先放下它，去做下一件事情。孩子會知道你的目的，且理解你是個理性公正的爸媽，這所有和孩子的互動都不僅是為了讓他們成長，也是我們這些爸媽學習成為爸媽的必經過程。

案例收錄

偷為萬惡淵藪

有些父母會來找我諮詢，內容是關於孩子的偷竊習慣。他們的孩子先是在學校裡拿了別人的東西，比方說文具或玩具，後來則演變成偷拿家裡的錢，並且在被揭穿後撒謊、打死不承認。這些父母感到既震驚又無計可施，因此我提供了一些我的技巧。

第一個步驟是要釐清「孩子的動機是什麼」。他拿別人的東西，是因為「需要」還是「虛榮」？儘管偷竊這個行為是不對的，但不同的動機需要不同的方法來導正，才能減少未來再犯的可能。

當孩子是因為自己忘了帶文具，所以才不告而取拿了別人的筆時，父母一定要告誡他：「未經許可拿別人的東西就是賊，你可能從此之後在別人的心中就是個小偷，會不願意跟你玩，這後果是很嚴重的事情。」

但如果孩子本身就有筆，卻還是偷拿了別人比較高級的筆時，就是一種虛榮的行為。父母在處理孩子這樣的行為時，首先得跟他討論，讓他清楚「需要」和「想要」這兩件事的不同，且值得反省的點是，我們做父母的，是不是平常就做出不好的榜樣，例如自己是不是常買一些奢侈的物品，或同樣的東西買了好多個，這些行為都可能讓孩子覺得他想要更多、更好。

我曾聽過這樣的說法：「世上一切的罪行，都可以用『偷』一個字總結」，我很認同這句話。舉凡偷取物品，偷取分數（作弊），偷取信任（欺騙），偷取感情（外遇），偷取性命（殺人）等等，偷竊可以說是惡的原始型態。所以我認為如果孩子從小產生偷竊的行為，大人們應該要給他一個大大的紅燈，避免他在進入一個道德發展的關鍵期時，心中不好的苗子繼續長大，讓它負面地影響到往後的人生。因此我們絕對要讓他們理解不告而取是錯誤的行為，甚至是一切罪惡的淵藪，

用不同的方法去教育不同的孩子

我在迎接第一個孩子時充滿期待，但對於第二個孩子的出生反而感到焦慮，當時我因為害怕老二的誕生，會分散我對老大的愛，或者是日後對其中一個人偏心，導致另一個孩子心理受傷等等，所以常常自顧自地杞人憂天。幸好，這些狀況之後都沒有發生，純粹是我多慮了，最後也又放心地再生了老三。

對我來說，我愛老大就像太平洋那麼多，愛老二就像大西洋那麼多，而老三則是印度洋，我並沒有因為新的孩子出世，便稀釋了愛的濃度，犧牲掉其中一方所應得的份量。更令人意外的是，我自己反而因為三個孩子的關係，接觸到更大的世界、更廣的領域，這真是我始料未及的驚喜。

別為了貪圖輕鬆，而不對孩子因材施教

基因研究告訴我們，即使是同卵雙胞胎，他們在日後的個性、興趣、溝通風格或與人互動方式上，一定也會有不同的表現方式。既然孩子間彼此會有差異，我們當父母的只有兩種選擇，一是選

擇「抗拒這個差異」，二是選擇「擁抱這個差異」。如果父母選擇了「抗拒孩子之間的差異性」，就會以框框把他們限制住，要求他們全部都成為同一個模子印出來的性格。舉個常見的例子來說，很多爸媽會要求弟弟妹妹將哥哥姊姊當作榜樣，一旦哥哥姊姊成績很好，弟弟妹妹若在這方面表現不佳，就會遭受比較甚至責備，此時弟弟妹妹內心一定會感到不快樂，便得不到適當的身心發展。

為了讓每個孩子都能快樂、健康地成長，我建議各位爸媽一定要學會「擁抱不同孩子的差異性」，唯有認清這點，你的愛才能被每個孩子感受到。以我家三個孩子吵架的情境為例，我發現他們三兄弟有時為了爭搶玩具而爭吵，通常最兇的老二會動手打架搶到玩具，而老大再邊哭邊跑來告狀。那老三呢？老三往往搶不過哥哥們，所以就一把將玩具丟到最遠的地方，讓哥哥們去搶，接著才跑來和我告狀。

根據自己對個別孩子的了解，此時就可以用不同的方法來處理他們的情緒，或是以不一樣的手段對症下藥，教育他們一些正確觀念。

針對愛哭的老大，我只要皺起眉頭，讓他感覺到我的不悅，他便會感到恐懼，甚至掉下眼淚來；對付老三的話，他較害怕被我責罵，只要我喝斥他，他就會乖乖聽話不胡鬧；至於老二則比較特別，他不怕我的責罵，卻不喜歡被我忽略，所以我只要三分鐘不理他，他就會哭成淚人兒。這就是我家三個孩子個性上的不同。試想如果今天我不選擇理解孩子的差異，凡是遇到他們爭吵的狀況就大聲斥責他們，結果會如何呢？或許這招對老三有效，但老大可能此時就被嚇得心靈受創，而老二一點也不痛癢，下次依舊犯同樣的錯誤。

由此可見，面對多個孩子時，我們不應以某種通則來處理所有問題，必須「因材施教」才會收到成果。如此在教養上會不會很麻煩？當然很麻煩，但絕對必要，否則孩子未來便無法發展自己的本性。我時常提醒自己：「我是成年人，所以適應力要比孩子好」，藉此讓自己時時調整對待他們的方式，儘管很難做到百分之百公平，但我會盡我能力所及，像變形金剛一樣不斷去作改變。例如「溝通」，我會思考與老大說話的模式，可否同樣套用在老二身上？如果我跟老二那樣說話，他能不能夠接受？各位爸媽們千萬別嫌麻煩，這麼做都是為了讓他們能夠真正聽進我想說的話，若貪圖輕鬆而達不到目的，那就一點意義也沒有了。

了解孩子的個體差異，才能提供合適的教養協助

另外一件我經常會提醒自己的事情，是在教育孩子的過程中，不要去折了他們的翅膀。比方說，我平時可能會要求他們「做這件事情」或「不要做那件事情」，但每個孩子都有他的天性，像我家老大天性就比較溫和、謹慎，如果我要求他大膽一點、冒險一點，他可能會嘗試，但不一定表現得很好，這時若我開始強制他這麼做，嚴格要求他成為一個無所畏懼的人，這就是違反了他的本性，甚至會開始不接受自己，想當然爾，實際表現也不會變得更好。

如果你了解個別孩子的差異，就能在他可以接受的範圍內，以他可以跟得上的步伐和方式去引導他完成你的教育目標。繼續以我家老大做例子，因為我了解他內向、謹慎的個性，但又不希望他未來變得太極端，以至於都不與外人交往，所以我便利用自己的工作關係，帶他去錄影的地方看看。我知道他一直對我的工作環境感到好奇，所以在這樣的情境下，他會比較沒有受到脅迫的壓力，這時再順水推舟，問他：「要不要試著對麥克風說幾句話呢？」他就會比較願意嘗試表現自己。這是一種我覺得蠻有效的辦法。

勿將孩子看成是父母的未來

詩人紀伯倫在《先知》這本書裡說過一句話讓我印象深刻——「孩子是箭，父母是弓，弓可以給箭力量，但卻不能決定射出去的箭會飛向什麼方向」，意指父母可以給孩子滿滿的愛、正面能量，但不能完全左右孩子的目標。

最常見的例子，就是有些孩子讀到很高的學歷，但夢想卻只是想開一家小店，或是走非傳統觀念所認定是成功的道路（前陣子一則「博士生賣雞排」的新聞還引起社會很大的討論）。這些孩子一定很努力，否則也唸不了博士班，但他們不像一般人的生涯規劃，走學術路線、教書或者進入大企業上班，這種情況在一般多數父母眼中難以接受，認為一心栽培孩子到那麼大，結果去做國中畢業就可以做的工作，於是感到失望、不解，甚至產生衝突。

其實這樣的問題屢見不鮮，而背後隱藏著的，就是父母很想操控孩子未來的心態。這可能和學校教育和社會從小灌輸的儒家思想有關。儒家思想認為「萬般皆下品，唯有讀書高」，或是給予我們「士農工商」這種排序觀念，即便這種傳統觀念現在不斷受到挑戰，但仍是主流思想；反觀歐美國家，父母師長就真的比較能身體力行「行行出狀元」的概念。

華人父母經常把孩子當做自己的未來投射，在教育孩子時，會有補償概念。例如，很多父母小時候家境不好，他們當時可能想要學鋼琴、小提琴，但礙於家裡經濟狀況無法負擔，所以被迫放棄的這個夢想，到自己長大成家立業，經濟狀況好一點後，就會想要讓自己的孩子朝這個方向走，也不管孩子本身有沒有意願，就把孩子當成是自己的投射，或者讓自己「再活一次的機會」，為他們安排自己希望的未來。

其實我認為這樣的觀念是有迷思的。很多父母都覺得「孩子是自己的未來」，把所有希望寄託在孩子身上，但實際上來說，「父母才是孩子的未來」。

為什麼說「父母才是孩子的未來」呢？我們可以從幾個方面來探討。

父母的遺傳影響孩子的天賦

第一，就遺傳學來說，孩子的遺傳基因來自於父母，所以孩子不管是內在或外表的各種優勢、弱勢，都是父母賦予孩子的。有些父母自己從小成績不是很好，在長久下被灌輸「士農工商」的觀念下，他們在長大以後容易將自己的不成功，歸咎於小時候沒有得到好成績所導致。因此，他們就希望孩子讀書讀得好，考上頂尖大學醫學系，甚至處心積慮要讓孩子出國留學等等。但偏偏孩子成績始終很難突破，於是他們便責怪孩子不夠努力，不夠用心，認為他們是在刻意忤逆自己，殊不知孩子的發展從基因方面來說，父母自己就佔了絕大部分的責任。或許這些爸媽本身擁有很高的藝術天分，這些天賦也透過遺傳而存在孩子體內，但因為爸媽自己的喜好，壓抑孩子的天分發展，強迫他們去做不擅長的事情結果失敗收場，這樣的例子社會上比比皆是。

家庭教育影響孩子的意願

第二，可以從家庭教育來觀察。我們都知道家庭教育非常重要，無論品德還是學科教育，往往家庭的影響力會比學校來得巨大許多。父母就是家庭教育的棟樑，孩子未來的發展好壞，父母絕對是至關重要的決定因素。舉例來說，一對平時不愛看書的父母，每天下班回家就拿著手機在沙發上滑呀滑，卻要孩子下課後讀整整三小時的書，這豈不是很可笑嗎？孩子或許會乖乖聽話，但他對讀書的看法會停留在「是爸媽要我看的」，他感受不到讀書的樂趣、好處，也不知道讀書可以做什麼，只曉得坐在書桌前看書不會受父母責罵，因此乖乖聽話。這樣的孩子表面上成績可能不錯，也如爸媽的願進入頂尖學校，但他始終很茫然，也不快樂，等到哪天想通了，就容易和家人發生衝突。

反過來思考，如果爸爸媽媽自己以身作則，也養成時刻讀書學習的習慣，孩子不必強迫便也會學習爸媽的行為。同時藉由一起找書找資料解決疑惑，讓孩子切身感受到書中的知識對生活有所助益，不是空談或者應付考試而用的東西而已，那麼他們便會養成這樣的習慣，願意努力去學習，而不是半推半就地妥協。

孩子的一生，往往會受到父母很大的影響。從孩子的角度來講，孩子將來去回憶他小時候的情境，內容往往都是爸媽怎麼和他互動、帶他去哪裡等等的印象，而這些印象又影響著孩子，使他成為現在的模樣，這就是我說的「父母是孩子的未來」的意思。這些回憶可能會延續很久，甚至一直到中年、老年都深深內化在心裡，所以身為父母的您，和孩子相處的每一個當下，不論情感上、情緒上、理智上的互動，都無時無刻刺激著孩子的成長。因此，如果爸媽真的希望孩子成長為自己希望的樣子，那麼自己也要一起成長才行，因為只有父母也在成長，眼界才會開拓，才能給孩子他們現在還看不到的東西，成為他們的力量和指引。但請記住，這個指引只是給孩子的參考，最終你還是要放手，讓他們去決定他們自己的未來。我清楚這不太容易做到，但不用太擔心，「孩子是箭，父母是弓」，如果我們已經給孩子知識還有品德等諸多能量，讓他們準備得很充足了，那麼不論他們未來做什麼決定，都應該會是正確的選擇。

除了責備之外，爸媽更該學會理解

為什麼比起「責備」，「理解」通常很難做到？因為理解需要比責備花更多的心智活動，所以很多父母才會在孩子犯錯的第一時間，不管事情的前因後果，本能反應地責備孩子。

然而「責備」真的有用嗎？爸媽們常常忘記自己責備孩子的目的是要導正孩子的錯誤行為，變成為了罵而罵，甚至連為什麼要罵孩子都說得不清不楚，讓孩子覺得自己在不明就裡的情況下被罵，因此心生委屈。如果爸媽願意在責罵以前，先理解孩子犯錯的動機，以及事情發生的前因後果等等，再來糾正孩子，其實會比單純責罵來得更能達成原先的目標。

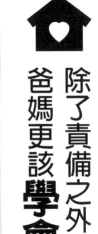

為什麼「理解」比「責備」更重要也更有效？

孩子不如大人成熟，他們不論是在幼年、童年、青少年的哪一個階段，都需要父母更多的理解。特別是在青少年期，很多大腦的研究發現，青少年時期的大腦發展，會讓孩子對旁人的情緒更無感，所以這時父母責備他們，他們是沒有感覺的。青少年期的孩子會較缺乏同理心，也會顯現出較低的情商狀態（不止對父母，對其他人的情商也低），他們纖細敏感的心理，容易受周遭的一舉一動影響，有時候你看到他們一副很不在乎的樣子，這其實不是他們故意的表現，而是人類在這時期的發展本身就有這種「暫時性腦殘」。所以如果父母可以反其道而行，展現同理心，做一種示範給他們看，孩子其實可以更快渡過這個風暴。

如果孩子只有被責罵，而沒有被理解，這時他們的心理會起什麼樣的反應呢？最本能的反應是「自我防衛」。事實上不僅僅是孩子，一般人只要遭受到言語的責罵和攻擊，第一個反應就是先保護自己，所以孩子會在你責罵後開始為自己辯駁，甚至演變成頂嘴的狀態，這時候父母再嚴厲地責罵，通常也起不了什麼作用，反而會激起他更強烈的反抗心理。

反之，這時候父母如果願意多花一點耐心、時間去理解孩子「為什麼這麼做？」、「他做的當下有其他的選擇嗎？」等等問題，好好聆聽孩子講述整件事發生的過程，不僅你的言語及

行為會變得更理智，孩子的大腦也會受你影響，冷靜下來，他們會為了和爸媽講述整件事情的來龍去脈，所以先把事件在自己的大腦中重新整理一次，接著用爸媽聽得懂的語言來溝通。

這是個大量理智化的過程，在這過程當中，孩子本來混亂的內心就已經起了一個安定的作用，他會把這些理智、現實還有情緒做梳理，而這不就是我們教育要的重點嗎——讓孩子用客觀的角度分析這件事情有多少責任在他，或是有多少責任不在他。像這樣「以理解的角度」來教育孩子的結果，會讓孩子自動自發省思，有時甚至不必走到責備的階段，孩子就知道自己做錯了，並且承諾改進。

愛的處方箋，爸媽可以這樣做！

Q 如何接受孩子的錯誤，用責備外的其他方式引導孩子改正？

前面提過我家大兒子怕蟲的故事，這個問題一直讓我感到困擾，畢竟為了讓他們走出戶外，我常帶他們去露營，但有潔癖的大兒子偏偏特別討厭蟲子，所以在野外碰到蒼蠅、蚊子等蟲類時，他就會大聲尖叫。

終於有次我靈機一動，在他尖叫害怕的時候，對他說：「其實昆蟲有一種能力，可以感覺到誰懼怕牠們。你如果愈害怕牠們，牠們就會愈飛到你身邊欺負你。」後來我默默觀察他，發現他有盡量嘗試著在蟲子靠近他的時候，默默地告訴自己「不要害怕、不要害怕……」，很努力地讓自己正視自己對昆蟲的恐懼。

當然，我這是用了一種投機取巧的方式來改變他的行為，但我想說的重點是，我並不是選擇去責罵他，逼迫他去和自己恐懼的蟲子在一起，而是先去接受他害怕蟲子的事實，就像有些人怕蛇，有些人怕鬼，這時你用脅迫的方式要求他，是根本就起不了作用的；理解他的恐懼，再試著引導他這種情緒，如此作法最後得到不錯成效，且孩子的挫折感也會低一點，不會覺得自己「因為怕蟲而被爸爸責罵」所以大受打擊。

別永遠只想讓孩子理解自己，也要從他的角度去理解他

「釋然」是個很重要的態度，尤其是家裡有青少年孩子的爸媽，懂得釋然，就比較不會大驚小怪，因為你知道最終的結果是大多數的人都會渡過這個風暴期。所以我常常讓自己保持一個想法：「因為孩子還在成長，所以他的一切反應都是過渡反應，不會永久都是這樣。」以這樣的心態面對孩子，作為父母的自己就會更有彈性一些，不會做過於激烈的反應。

反過來說，如果連做父母的都不去試著理解自己的孩子，那這樣的孩子不是很可憐嗎？他容易覺得孤單，並且封閉自己。其實很多孩子行為能不能改變的關鍵點，就是他覺得自己有沒有被理解，一旦自己被理解了，就能放下罪惡感和面子，覺得「因為爸爸媽媽已經理解我了」，所以面子不需要再防護，可以面對問題，並且嘗試做出改變。

例如台灣這幾年推動的同性婚姻平權運動，過去很多同性戀和雙性戀者不敢跟自己的父母坦白自己的性傾向，因為他們知道，如果和父母說了以後，輕則被爸媽認為自己「生病了」，必須接受「治療」，較嚴重則可能會被逐出家們。所以以前有很多同性戀者最後跟異性結婚，還有了小孩，但他們無法否認自己是同性戀的這種事實和傾向，所以這類表面的婚姻最終造成更多人及家庭的不幸。反觀如果當時父母在這種事情的處理上，可以用理解代替責備的話，就能避免這類假性婚姻的不幸發生。

這類狀況比比皆是，例如父母如果不能理解一個孩子個性天生內向，而要去扭轉他的性格，那麼這個孩子一定會感到痛苦；但如果父母願意去理解孩子，嘗試思考、引導、安排讓他發揮內向的優勢，就會變成一件有意義的事情。我們可以看到很多成功的人士，像是比爾・蓋茲、賈伯斯等等，他們都形容自己是個性內向的人，每次演講時，他們也都很不自在，只是他們很幸運，他們找到了一個能發揮自己性格的場域環境。所以我覺得不論是孩子的性格也好，性取向也好，父母都需理解自己能改變的地方有限，與其如此，不如找到更有意義的作法，試著去理解他們，你接受了他們，他們才能接受自己，進而拋開不必要的罪惡感，找到更適合自己發展的道路。

愛的處方箋，爸媽可以這樣做！

Q 青少年的叛逆行為，爸媽該怎麼解讀？

有時候爸媽會覺得青少年時期的孩子難理解，但我想說，這個問題你大可不必太放在心上，甚至你可以將它視為一種「成熟」的過程，是長大的必經階段。

青少年時期，人會經歷一段全新的道德發展和人格發展階段，孩子的身心會被賦予一些「任務」，其中一個任務，就是確定「自主性」。然而當事人（也就是青少年）並不知道這個任務該怎麼達成，所以表現的方法，就是當爸爸媽媽說什麼時，自己就偏偏不這麼做。「如果爸媽說A，我就要做B」，孩子認為這代表了我和爸爸媽媽是不同的人，他們有他們的想法，我有我的想法。這也是為什麼很多師長或爸媽都覺得青少年為了反對而反對，從心智成長的角度來看，他們其實只是為了要確定自己是個獨立的個體而已，爸媽不用太過操心。

叛逆的青少年在當下可能不知道自己在做什麼，想不出反抗的理由，直到自己成年後再回頭，才理解當時到底是怎麼一回事。身為爸媽，自己一定比孩子更早經歷過青少年時代，因此可以用理解的觀點，理解青少年叛逆、反抗的行為。很多父母在孩子青春期的時候，去扮演他們朋友的角色，藉此幫助孩子順利渡過青春期，他們知道對孩子而言「朋友是比較平等的角色」，平等的意思即是「更理解你為什麼會這麼想」，不會有拔河或對立的角度存在。例如，當孩子在抱怨老師時，若是站在朋友的角度上適時給予建議，客觀分析老師的優缺點，可能比一味責備來得有助於建構孩子對老師的理解。當然，我還是提醒爸媽們，在孩子還小的時候，先扮演好父母的角色就好，但是愈往青春期，角色扮演的天秤會漸漸往朋友的方向傾斜，父母的角色要愈少，朋友的角色要愈多。

在適當的時機表達對孩子的愛

在華人社會裡，「開口說愛」是一件蠻困難的事情，更多的時候，我們都被教育成（或潛移默化成）「做多於說」，用實際作法去愛孩子，而不是把愛說出來的爸媽。然而我覺得愛一個人，「說」和「做」都是同等重要的，偏偏華人社會的天秤都傾向「做」的這邊，也就是「多做一些，少說一些」。這樣並沒有不對，只是有可能你為孩子做了許多，但孩子卻感受不到，或是感受到和你想表達的是完全兩碼子事，這時候「做」的那方就會感到很挫折。但如果你平常就養成「說」的習慣，就不會發生這樣的問題，因為當你開口說愛時，孩子一定會有所反應，這也是為什麼我會鼓勵爸媽勇敢說愛的原因。

東、西方人在表達「愛」上的差異

最近我有一個體會，我的爸爸已經70歲了，最近到聽他跟我的兒子們跟姪女們用英語說「矮老虎油」（I love you），我覺得老爸好可愛，但我自己不記得他有沒有跟我說過愛我，應該沒有吧。幸好我透過他做的一些事情來感受，確定他是一個很棒、很愛我的爸爸。

我覺得東方人表達愛的時機，是種U型曲線，可能在剛當父母時，會對孩子說「我愛你」，另外在當了爺爺奶奶時，也會對孫子這樣說，但在這之間的青壯年時期，往往都不會如此表達自己的愛。因為這時期的父母一直被壓抑著，為了賺錢、生活成了夾心餅乾，在這三、四十年的過程中，都以行動的方式來給予孩子自己的愛，這是種特別但不少見的現象。

西方人就不一樣了，西方父母在生活中動不動就會把「我愛你」掛在嘴邊，不論自己年紀多大，或孩子年紀多大，他們都會有這樣的習慣，這樣的習慣在東方人看來，好像缺少那種真誠的感覺；又比如西方人在寫信給家人、朋友時，文末一定會寫個LOVE，對東方人來說，那個LOVE因為太容易說出口，含金量就不是那麼高的感覺。相對於西方人在任何小事上都能說愛，東方人理解的愛，背後通常都要有很巨大的犧牲、奉獻的感覺，此即東西文化的差異。我覺得東方人有東方人的表達方式，並不一定要向西方人看齊，但懂得對孩子說愛絕對不是壞事，可以的話，請盡量嘗試。

案例收錄

經常告訴孩子你愛他，對孩子有多大的益處呢？

2018世足賽，雖然我支持的阿根廷隊沒打進八強，但是隊長梅西仍是我心中的球王。梅西從小雖熱愛足球但個子嬌小，影響他一生的是他的祖母。祖母經常帶著五、六歲的梅西去觀賞球賽，每當有球員進球，祖母總會興奮地擁抱小梅西，並告訴他：「你將來一定會踢得比這些球員還更好。」小梅西問祖母為什麼如此肯定。祖母總是回答：「因為我愛你，所以我比誰都了解你的能力。」小梅西受了祖母的鼓勵，總是球不離身，努力練習。儘管後來被診斷生長遲緩，需要定期施打昂貴的生長激素才能勉強長高一些，但成年後身高只有170公分的梅西，卻是足球世界中不折不扣的巨人！

「無條件的愛」讓孩子懂得珍惜自己

一個在被愛的環境中成長的孩子，他的自信心一定是爆棚的；反過來說，一個孩子的父母，若平時沒有對孩子說「我愛你」的習慣，且愛的行動、作為也相對含蓄，那他的孩子勢必要從其他地方來獲取自信心，例如學業成績或體育表現等等，一旦成績表現得好，父母便會誇獎他。但這種愛會讓孩子感覺是「有條件的愛」，孩子理解的意思是「我成功了，父母才會以我為榮」這種愛是不一樣的，因為今天我們想給孩子的是種無條件式的愛，不論孩子目前的表現如何，爸媽就是愛著孩子、相信孩子，這就是無條件式的愛。

延伸來說，當一個人感受到自己無條件被愛的時候，就會開始重視自己、珍惜自己。今天我們能看到社會上有很多情殺的案子，我們常疑惑：「為什麼他要去毀了其他人？」但我覺得另一個值得探討的問題是：「這些人為什麼要毀了自己？」他在做這些令人髮指的事情時，覺得不需要去珍惜自己，所以當他毀了另一個人、另一個家庭，甚至毀了自己的家庭時，他沒有任何的顧忌。或許他從小就沒受到足夠的珍愛，讓他去愛惜自己，因此當他聽到另一個人不愛他的時候，他的世界就崩解了，覺得自己與整個世界的聯繫就此中斷，也失去了存在這個世上的理由，這是很痛苦的事情。

愛的處方箋，
爸媽可以這樣做！

Q 不好意思開口說愛的我，該怎麼去表達呢？

我自己的具體作法，是趁孩子腦波最弱的時候來表達。例如，每天早上該起床的時間，我會把他們房間的音樂打開、窗簾拉開，然後抱抱他們、親親他們的臉頰，要他們慢慢醒來。雖然我不一定說出「我愛你」三個字，但我用這樣的方式表達我對他們的愛，幫助他們迎接一天的開始，當然，我也會幫他們準備一些早餐；除了早上外，睡前我也會陪孩子們躺一下，同樣抱抱他們，親一下道晚安。

因為我認為一個人的睡眠時間的前後，是他們的意識階段與潛意識過渡的重要過程，如果在此黃金時刻，讓他們感受到比較多的愛意，我覺得對他們潛意識或意識的發展，是比較有幫助的，畢竟有時他們或許白天受到一些挫折，和同學有糾紛或者被師長責罵，這些在白天的不好記憶，如果成為一天的收尾肯定不好，所以我會用這種方式，讓他們自己覺得自己是無條件地被愛。

該在什麼時機對孩子開口說愛

心理學家做過一個研究，題目是「爸媽的哪種行為更受到孩子們的討厭？」選項有二，第一個是「空泛的讚美」，另一個是「具體的批評」，結果答案是──「空泛的讚美」。

不要對孩子做空泛的讚美

孩子是很聰明的動物，他們看得出、聽得出你的真心與否，所以當你對孩子空泛地讚美時，他會知道你只是在敷衍他而已，因此爸媽今天若要去向孩子表達愛意，請不要對他敷衍了事，而是要用心看到他的努力，去讚美他的努力，給他一種具體的讚美。或者，當孩子很努力玩一件事情時，也是個很好的時機。舉個例子，前一陣子我陪大兒子的弦樂團去沖繩演出，我非常震撼！看著他可以出國用音樂交流，用音樂跨越了國界、語言和文化，感動了當地人，對我這個爸爸而言，是件非常驕傲的事情。於是當孩子演奏結束後，我便跑去抱抱他，跟他說：「我以你為榮，因為你做到了我以前做不到的事情，甚至現在也是做不到的事情。」我還記得大兒子睜大了眼睛，問我是真的嗎，我直視他的雙眸斬釘截鐵地說：「真的。」

那個瞬間，我相信大兒子的自信心一定大大提升了，並把自己拔高了一個層面，心想：「爸爸竟然覺得我比他還了不起。」這是唯有發自內心給的讚美才能得到的效果。前面提到西方人無時無刻表達愛意的方式，我們華人或許很難辦到，但是只要掌握好一個時機點（這個時機點通常稍縱即逝），就可以讓孩子感覺到你是無條件式的愛他。

也別怕對孩子做具體的批評

相對空泛的讚美，「具體的批評」反而是種苦口良藥。當你真的看到孩子的缺點時，請不要擔心他的自信心因此受損，而選擇不指正他，這是不對的。適時的指正，或許孩子一開始會覺得難受，但等他經過一段時間消化後，一定也可以感覺得到你是真的為了他好。這個前提是「爸媽公正、對事不對人，且不帶著個人情緒」的情況下。只要遵守這個前提，孩子一定會理解你的用心良苦。

舉我和我父母的例子和大家分享。我的父母時常看到我在電視螢幕的表現後，打電話給我，跟我說他們覺得我哪句話說得不好、哪一段表現得不夠得體等等，或是指正我為什麼沒有把自己想講的話講完，就被別人搶話。我一開始也會覺得難受，心想「為什麼我的爸媽只看到我的缺點？」但是當情緒過去後，我會往正面的方向想想，其實世界上也只有他們會跟我說這些實話，換做其他人，通常只會對我說「你很棒，那天在電視又看到你了」，這種場面話對我的成長其實沒有幫助。我發現比較起來，父母這種有建設性的批評，反而能改善我的表現，所以後來我就學會改進。我覺得無論是「具體的讚美」還是「具體的批評」，東方父母們只要能在正確的時機點表達，都能對孩子的信心建立有大的幫助。

「表達愛」是種順其自然的動作

事實上，表達愛沒有一個固定的公式。愛不是數學，沒有A＋B非等於C的道理，它是經由不斷互動中產生出來的默契。例如有些孩子天生比較害羞、內向，不習慣有人跟他不斷地表達愛，因此當你給他一個眼神，或輕輕拍他的肩膀，摸摸他臉的時候，他就會感覺到爸爸媽媽是愛自己的，而這種親子間的默契，是唯有你們之間才能清楚感受到的。

當然，有些家庭原本就願意、也習慣以口語或行動的方式來表達愛意，且這種習慣會承襲下去，一代接著一代。像我自己為什麼那麼喜歡親小孩？就是因為我爸爸從小也常親我的關係。因此我對親小孩這個動作，便一點都不覺得彆扭。如果自己從小不是被爸媽以這種愛的方式教育長大，今天的我可能就不會那麼自然地用親吻來表達我對孩子的愛意，但即便如此，我還是可能會以我獨有的方法來愛他們，像是抱抱他們，或牽著他們的手散步等等，畢竟愛就是愛，只是形式上的不同罷了。所以如果你過去沒有表達愛的習慣，或者孩子已經步入青春期，你都可以不用太擔心，不必一定要藉由很濃烈、強烈的方式去表達愛，只要「特調」出一種專屬你們之間的默契，在適當的時候給予關心、鼓勵、認同，都將使孩子內心接收到「爸爸媽媽正以他們的方式，無條件地愛著我」的信息。

親子共讀好處多多

大部分的父母都希望自己的孩子養成愛閱讀的習慣，覺得這樣對他們未來人生會有所幫助，但孩子卻時常抗拒，這時爸媽就會在孩子身上貼上「他是個不愛看書的孩子」的標籤，但真的是這樣嗎？或許你的困擾，只要自己肯多花一點時間精力，以身作則，和孩子一起「親子共讀」就可以輕鬆解決。

親子共讀的好處❶：自然養成閱讀習慣

就我家的做法來說，因為我認為紙本的書和電子書還是存有差異，所以孩子剛出生後我會在他們的小浴缸旁邊放一、兩本塑膠的、不怕弄濕的圖畫書，讓孩子在洗澡時很放鬆自然地去翻閱。這個目的並不是讓他們去認識ＡＢＣ等知識，而是讓他們去習慣書的形狀，習慣翻書這個動作，因為紙本書比起電子書除了視覺外更多了觸覺，甚至有些親子書還能刺激聽覺和味覺，這樣一來孩子就可以從翻書這動作裡得到各種反應，未來也不會對書產生很大的反感。

首先第一個好處當然是能讓孩子把閱讀當做自然而然的習慣。因為小孩子的模仿性很高，如果常常看到父母在玩手機，他們也會想跟著玩手機；如果常常看到父母在看電視，他們便會學著看電視。因此同樣的道理，假使他們經常看到父母在吃完晚餐後就拿起一本書來看，他們的好奇心就會被誘發出來，想知道「看書」這件事為什麼如此吸引人，這時哪怕你手上拿的是一本《商業周刊》也沒有關係，你可以跟他解釋這個圖表在說什麼，教他這一些簡單的字，所以藉由這些動作，讓孩子覺得閱讀是生活的一部分，不是刻意而為的事情。

如果你在孩子愈小時和他們一起讀書，你會發現他們學習的效果會愈好。以我自己為例，我在陪孩子一起看童書時，都會用手指一個一個字指著滑過去，這時我並沒有特別教他們「這個字是什麼？那個字是什麼？」但還是會發現他們識字的年齡，會比一般小孩子來得早，因為這是一種制約，只要次數一多，哪個字對應什麼發音，其實自然而然就烙印在他們腦海裡面了，因此他們就會對我反應「昨晚爸爸陪讀看過的字，今天早上老師也在講這個字耶！」吸收也就變得更快了。

親子共讀的好處❷：增加親子間的話題和距離

第二，是共讀可以讓親子之間有更多共通的話題，因為你們可能一起看過同一本書，然後在幾個禮拜、幾個月後，聊起那本書的某個情節、某個角色甚至裡面經典的對白等等。但如果平時爸媽看自己的手機、孩子看自己的電視，未來就不會有親子之間的共同回憶。藉由親子共讀，可以為親子創造許多愉快的經驗和家庭記憶。

這邊舉個例子，我有個朋友曾經陪2歲的孩子講述「煮綠豆」的故事，這是一個「媽媽在煮綠豆湯時，不小心漏了一顆綠豆沒有放進鍋裡，結果那顆綠豆就發芽了」的故事。看完這個故事，小孩很喜歡，於是我這個朋友就趁機詢問孩子：「我們一起來種綠豆好不好？」孩子很開心地說好，母子倆種了綠豆，每天幫綠豆澆水晒太陽觀察它漸漸長大。

我覺得這是個值得各位爸媽效法的案例，因為書裡的故事，本來就源於生活，儘管它以更精鍊的語言、一些更高的藝術方式來呈現，但它始終和生活脫不了鉤。因此父母也可以引導他們將書裡面的故事連結回生活，比如讓大一點的孩子根據書的內容去作實驗，滿足他們的好奇心；或者親自動手做出食譜書裡的食物等等。一來他們會覺得開心、好玩，二來也會認為書是有用的東西，未來若有需要，便會自主性地從書裡找到生活需要的解答。

親子共讀的好處③：提升大腦的刺激

第三個好處，是共讀可以讓親子之間多了很多大腦的刺激。小孩子往往有種傾向，如果他喜歡一本書，他不會只唸一次，而是會讀個五次、十次以上，或是在某個時段裡很密集地要求看某一本書（比方說睡前一定要聽同一個床邊故事），可能那本書的扉頁都快要破了，他還是不厭其煩地翻閱它，這時爸媽如果有參與共讀的話，就能跟他玩一些變化。舉《青蛙王子》這本書當例子，爸媽可以跟孩子在閱讀時玩一個動腦遊戲，問他們：「如果今天不是青蛙，而是癩蛤蟆，你覺得公主敢親他嗎？」使孩子從這本書的情境轉化一下，刺激他們思考，接著不論孩子回答「敢」或是「不敢」，爸爸媽都可以再引導孩子到下一階段的問題，像是「公主親了癩蛤蟆嘴唇腫起來怎麼辦？」這些除了一般閱讀以外的延伸思考，會讓孩子發現「原來還可以這樣想呀」。

其實現在有些親子讀物的後面也會設計一些問題，讓父母可以跟孩子一起討論，如果沒有的話，爸爸媽媽也可以像我示範的，自己設計一些問題。鼓勵孩子來一起閱讀的方法有很多，例如我帶孩子去看電影前，我都會先找到原著，像《哈利波特》，或《飛天巨桃歷險記》，我會讓孩子們看，並以「你們看完的話，爸爸就帶你們去看電影喔」來提升他們閱讀的意願，如此一來閱讀就產生誘因，並且在看完後又能一起討論原著和電影的差別，刺激孩子的思考與表達。

【三號談心室】

能力培養篇：
掌握孩子關鍵能力的教養方式

培養高創造力的孩子

這裡我們先定義一下「創造力」。一般人可能會將「創造力」和「無中生有」畫上等號，但我覺得不需要那麼狹隘，那麼嚴格地定義它。創造力其實也可以是個「把六十分變成七十、八十分」的過程，只要孩子的想法能解決問題、改善現狀，就是有創造力。

創造力對未來生活的重要性不言而喻，我們可以觀察到現在科技發展突飛猛進，過去必須人類完成的工作，現在幾乎都能靠機械及人工智慧取代了，彷彿它們無所不能，但唯獨不被它們取代的，就是創造力相關的工作。目前來說，機器還是比較適合做一些重複性的工作，在這個前提下，人類在社會中價值的高低，便會取決於他有沒有高創造力，或是美感藝術方面的能力。以音樂為例，儘管現在的AI能夠在被告知需求（調性）後譜寫出不錯的曲子，但就少了人類天生的美感和創造力，AI的曲子顯得沒有靈魂，也沒辦法感動人，說得直白點，就只是照著樂理創作，但沒有故事、沒有感情在裡面的頻率而已。我覺得孩子長大後的未來世界，他們能夠賴以維生的技能，都是比較高創造力、高美感力的東西。

創造力養成步驟❶：培養觀察力

想要培養創造力，我認為首要重點是必須「發現問題、定義問題」，因為唯有發現問題，你才會試圖去改善它或改變它。因此若要培養一個擁有高創造力的孩子，就得要去培養他的觀察力，讓他能夠時時刻刻觀察週遭的細節，無論家裡或者學校附近，有沒有什麼東西可以吸引他，引起他的興趣？例如在下雨的午後，問孩子「為什麼總有一股特別的味道？」、「為什麼有時有彩虹有時卻沒有？」藉此過程，孩子觀察力就會漸漸萌生出來。

大自然就是個很好培養孩子觀察力的地方。在大自然裡，同一個地方的春夏秋冬都有截然不同的樣貌，你會看到不同的生物，聽見不同的聲音，這也是為什麼我常常會在週末時間帶小朋友出去露營的原因，因為我認為比起讓他們天天待在一成不變的城市裡，營地中的季節變化和環境多樣性，可以給孩子們一些新的感受，讓他們在不知不覺中產生好奇，進而願意去觀察每個生活中的微小細節，這些細節未來將累積成他們發揮創意的龐大資料庫。

創造力養成步驟❷：培養想像力

在孩子擁有了觀察力後，第二步是培養他天馬行空的想像力。其實「想像力」是每個孩子與生具備的能力，然而，身為大人的我們，常常會在不經意間壓抑了他們這項能力的發展，要他們不許

「胡思亂想」，因此扼殺了他們的想像空間。

舉例來說，很多父母不許孩子看卡通，他們認為電視卡通除了傷害孩子視力以外，對他們的人生一點幫助也沒有，不如要他們早點讀書。然而，適度的卡通刺激，其實對孩子的發展有所助益，比方說我們小時候看的《哆拉A夢》，每一集裡都會出現各種神奇道具，現在有很多科技都已經實現了。了解這一點後，我便不會太限制孩子去看卡通，反之我會參與其中，替他們挑選合適的卡通，例如《北海小英雄》等等讓他們看了以後會願意去動腦、思考，並有邏輯和解決問題能力的卡通。當然，這需要父母的適度參與才行，否則沒經過篩選就胡亂塞一些卡通給孩子，他們也會接受到很多垃圾訊息。

「篩選」是大人的責任之一，因為現今刺激的來源四面八方皆是，如果不經篩選，孩子儘管獲得再多資訊，也都是混亂、沒有價值的。

生活中無處不是能培養創造力的素材

我在家裡總是會放古典音樂的廣播電台給孩子聽，並不是希望讓他們愛上古典音樂，而是我覺得古典樂中存有很多想像空間。例如，當柴可夫斯基《天鵝湖》的音樂響起，小孩子因為沒有看過那部芭蕾舞劇，所以我便會引導他們：「這段音樂是不是很像什麼動物在活動？」這時不一定要他們回答「天鵝」這種動物，而是鼓勵他們去想像，想像什麼都好，並且不要去否定他們的想法。另外像是聖桑的《動物狂歡節》，有一段原本音樂設定是大象在走路的情境，但當我問我孩子是什麼動物時，他們會回覆我：「恐龍」即便不是正確答案，但我覺得這更好呀！畫面感十足。

事實上，孩子的創造力其實無時無刻都可以培養，只要你別放過任何能夠刺激他們想像的空間即可。像我前面提到的古典樂例子，很多人頂多就是放音樂給孩子聽，左耳進右耳出，除了旋律以外，他們也不會留下什麼深刻的印象，但如果我們引導孩子將這些刺激做轉換，他們的大腦就會快速轉動，不會懶洋洋地放任想像力的花朵一天天枯萎。

除了利用音樂之外，還有許多好方法。有時在捷運或公車上，我也會看著招牌（如水果行或是機車行的招牌）問他們：「水果和機車有什麼關連？」孩子一開始答不出來，我便示範給他們看。我說：「機車和水車的形狀很像。」因此他們便會接續著說：「水果大部分都是圓圓的，機車的輪子也是圓圓的！」如此一來就達成了讓他們養成創造力的結果。這樣的訓練不僅僅是孩子，很多大人也都會如法炮製，像是節目主持人在未成名的時候會如此訓練他們的口才，把兩個看似不相干的東西兜在一起，創造出不一樣的東西來，這其實是一樣的道理。

培養高美感鑑賞力的孩子

身為三個孩子的父親，我給自己一個很重要的任務，是要帶領孩子去認識世界上美的事物，不管是外在環境的美，還是人與人間之交流的美都一樣，所以我常常帶他們去接觸一些美的東西，有些是人工的，有些則源於大自然，並且要他們將這些美收集起來或深深印在腦海中。例如出去玩的時候，我都會給孩子照相機，跟他們說：「看到什麼漂亮、特別的，可以把它拍下來。」所以他們出去玩時都會拍照，並與我分享。同時我發現孩子的眼光和大人是不一樣的，他們會看到我們時常忽略的地方，因此不要用我們大人特定的眼光去侷限他們的想法。

培養美感要有適度的發揮空間

在我的三個孩子中，老二屬於特別有藝術天分的類型，個性也比較奔放一點，無論是他的用色、題材、想像力等等皆是。這或許和他從小到大碰到的美術老師有關，因為有些畫室可能為了各種理由（例如為了得獎），所以很刻板地教授每個孩子一模一樣的繪畫技巧，可是在這種制度下教出來的孩子，會喪失掉個人特色，變成都是為了得獎而畫畫，無法真正發揮所長，也不一定能在畫畫的過程裡感受到成就感。但我家老二遇到的美術老師沒有用框架來框住他，這算是件蠻幸運的事情，因為我認為這樣充分彈性的環境，更能培養出一個高美感的孩子。

另一件幸運的事情，是我們住在大都市裡頭，大都市裡資源相對較多，有很多活動可以參加。例如，我們家經常去一些美術館，或者參加音樂會（不一定要花錢，有很多都是免費的音樂會，且不亞於收費表演的水準）。藝術的種類很多，我覺得孩子年紀小的時候，如果可以多多涉獵、接觸它們，孩子便會覺得「美」無處不在。

比方說，我最近從群組裡得知，有一個香港的女子中學弦樂團要來台灣免費表演，於是我帶著孩子們去欣賞，後來確實證明真是「挖到寶了」。這個樂團並非由音樂班組成，而是由一個學校裡的管弦樂社來組成，它只是一個小社團，儘管如此，但他們的演出水準卻非常地高，且我還發現裡面有些成員不止精通一樣樂器。更讓我震撼的是，這個樂團的成員裡，有名年僅13歲的獨奏者，她拉琴的技巧非常、非常地好，程度甚至超過了許多高中樂團的首席。後來我上網去搜尋她的資料，從她的簡介中知道她從5歲便開始學琴，每天練3個小時，心想真是不簡單，令我好生佩服。

藉由這類活動，孩子們理解到「人外有人」的道理，之後他就不會自滿於自己現在已經拉得多好，而是想到「原來在香港，這個比我們台灣還小的地方，就有很多人這麼厲害」，因而產生想要進步的動力。這種活動不可能一夕之間改變孩子，但可以給他們美的養分，且通常聽完音樂會回來，我會做一些功課，從手機音樂APP裡找到今天的曲目，從中挑選幾首適合孩子聽的，在有空的時候（像是吃早飯時）就放給他們聽，如此一來，他們的記憶會被喚起，美感便會潛移默化在心中。另外我也會藉機跟他們多多介紹曲目內容跟作曲家的故事，畢竟在聽音樂的當下無法說話，也不好打擾演奏，利用事後的討論，可以讓他們不會聽了就忘，而是在下次的活動中，有一些更細膩的感受和觀察。

爸媽的參與會讓孩子更投入其中

然而在要求孩子培養美感前，父母自己也要參與其中。父母平時不一定會有藝術方面的天賦或者習慣，但我覺得可以從自己比較喜歡的領域入門試試。例如，有些父母可能字寫得很好，所以能夠從練練毛筆字來切入。又或者如果父母真的很忙，覺得很吃力的話，也可以讓孩子參加一些藝術方面的社團，因為等他們愈來愈大，同儕的影響力也會愈來愈重要，而與同儕的學習也不會那麼地累，參加一些繪畫社或音樂方面的社團，至少也都有專業的老師在教導他們，因此我建議，即便父母平時沒有這方面的接觸，可以讓學校的美感教育補足家裡的美感教育。

另一種方法，我覺得父母即使沒時間也好、預算不夠也罷，至少可以注意有哪些免費的藝術相關活動，在假日時陪同孩子一起參加，或是和他們去圖書館找這方面的資料。有的孩子天天練畫，久了以後會有倦怠期，這時父母不妨放鬆一點，帶孩子出外走走，看看有關畫家的展覽，了解這些畫家的作品和創作生平後，他會更有感受。這是從不同角度去精進技巧的一種方法，因為技巧不一定要從外在來訓練，也可以從內心去注入情感，那麼技巧自然也會在不知不覺中得到提升。

生活中無處不是養成美感的素材

其實廣義上來說，「美感」是無處不在，小從家中餐具的擺設，大到城市的裝置藝術。前面我們提到很多參與藝術活動或藝術行為的方法，但我認為美感也可以從稀鬆平常的日常生活中養成。以我為例，我在孩子還小時會和他們說：「身上的衣褲鞋子顏色不要超過三種。」他們問我為什麼，我不回答，只要照照鏡子，他們自己實驗看看怎麼穿搭比較好看，怎麼配色比較舒服，這即是一種從生活裡就能做到的美感訓練方式。另外像是某次我與孩子坐在車上，車外走過一名大叔。孩子對我說：「他穿著鮮紅色上衣，深藍色褲子，看起來好奇怪。」我便問他：「如果是寶藍色搭配桃紅色呢？會不會有撞色的效果？在衝突之中又很和諧？」他回答我說：「不可能。」於是我就挑了實際的衣服讓他實驗。我覺得生活當中要能找這種機會教育的素材比比皆是，而且這樣培養對孩子對美感的鑑賞力比較有趣，也不會那麼制式，慢慢地孩子也會發展出自己獨特的美感品味。

培養高EQ的孩子

許多家長有種迷思，認為「高EQ的孩子＝不發脾氣的孩子」，但其實大錯特錯！因為「生氣」是種很基礎的情緒，心理學家在研究情緒時，指出「人類有七種基本情緒」，生氣就是其中一種，其他則是懼怕、不屑、悲傷、喜悅、驚訝與噁心，這是人類跨文化、跨種族的通則。所以不論你是生在非常發達的文明社會，或是在南太平洋與世隔絕的部落，只要是人，就一定會有這七種最原始的情緒，它是不能被根除的。EQ的養成，不是要殲滅生氣的情緒，而是學會在什麼情境之下，你所展現的情緒，是利人利己，這才是對EQ教育正確的認知。

培養高EQ所不可或缺的四種重要能力

EQ在心理學中是屬於比較新的領域，它由美國學者——丹尼爾・高曼等人創建。EQ所指的是四種能力：❶理解自己情緒的能力；❷管理自己情緒的能力；❸理解他人情緒的能力；以及❹管理他人情緒的能力。

理解自己情緒的能力

這四種能力當然有難易之分，其中最簡單的是「理解自己情緒」的能力，像是一早起床，感覺自己「身體和心靈都好累，不想起床、更不想上班」時，就屬於理解自己情緒。

管理自己情緒的能力

可是在理解之後，如何「管理自己」？這時難度就加深了一些。延續前面的例子來說，今天早上起來時，你覺得懶洋洋的，不想上班，手裡拿著手機，心想說「要不要跟主管請假呢？」但最後還是克服了自己的惰性，起床盥洗、換衣服，吃早餐搭車上班，這就是一種管理自我情緒的能力。

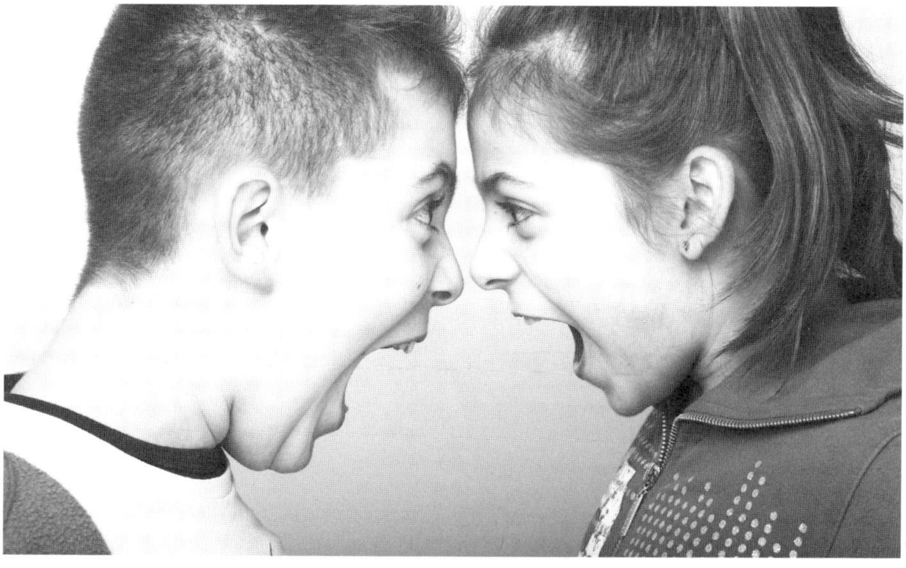

理解他人情緒的能力

第三個能力是「理解他人情緒」的能力，這當然又增加了一些難度，因為別人不見得想讓你了解他真正的情緒，他可能想隱藏他的痛苦、不開心（你好嗎？我很好！），因此你會需要一些觀察的能力，才有辦法真正理解對方想些什麼。

管理他人情緒的能力

第四個能力，也是最難的能力，就是「管理他人情緒」的能力。身為公司主管，感覺到部門同仁的士氣低落，這時你自然想用些方法激勵大夥，也許安排個KTV聚餐，希望能讓大家上班更有衝勁。這正是試圖管理他人的情緒。

想要培養高EQ能力，就要從上述這四個能力去加強，不論是在職場上（當主管），在家庭裡（當父母），只要有兩人以上的人際關係時，你就會需要這四種能力的協助。這四種能力在我們傳統的學校教育裡，並沒有特別強調，一直到近年來出現所謂的「情商教育」，才漸漸地受人重視。

說起來有些悲哀，可能是近年來社會上發生情殺案件的頻率愈來愈高，大家才開始意識到，除了「德智體群美」之外，我們的社會該更注重情商教育。我知道有很多小學有愛心媽媽，她們會在每週某一天的早自習時間，進到教室裡，用故事的方式引導學生思考情緒管理的重要性和方法，這是很不錯的事情。可惜的是，很多孩子在學校學了一套管理情緒的方法，但回到家後，卻又得面對一個情緒很混亂的環境，如此一來，實在很難落實學生的EQ教育。關於這點，身為家長的我們自己也要好好反省才是。

如何學習導正孩子的情緒

很多父母會要求孩子「不准生氣！」以為這樣就可以培養出高EQ的表現，但這樣的孩子心理健康往往比較脆弱，生理健康也容易受到影響。為什麼呢？原因很簡單，一個人在生氣時，脈搏一定會變快，血壓也會變高，呼吸急促，如果這時他很快地發洩完，血壓隨之減緩下來，反觀如果不發洩，那長期下來對身體，就會累積許多負面影響。

我想大部家庭都遭遇過這樣的問題——孩子在一歲左右這段時期特別喜歡咬人，因此一旦他生氣或是興奮，就會出現旁邊有誰就咬誰的狀況，又或者是會動手打人。有的父母會覺得頭疼，但我反而認為父母遇到這個情境時，可以將它視為孩子EQ教育的一個很好的起點。

在剛剛說的那種情況下，很多父母看到以後，馬上制止孩子不能打人或咬人，但仔細想想，年幼的孩子一定是在內在情緒達到一個強度後，才會出現咬人、打人的動作，即便你不讓他這麼做，他內在強烈情緒還是存在，所以你應該要去引導他，把他內在的情緒消化掉。這邊我想表達的是「父母不應一味地說NO，而是要告訴他怎麼做是YES」，告訴孩子，他可以做什麼事情，去把自己內在的情緒消化掉。例如在很生氣時，走到角落去和熊玩偶講講話，或者很用力地抱熊玩偶，又或是可以跺腳、踩地板，都沒有關係，讓他有個可以發洩的管道，而這個管道既可以抒發，也不會影響到他人。

我在美國研究所快畢業的時候，去過一家公立學校附設的幼稚園實習，我發現這些美國老師是「絕對禁止體罰學生」的，甚至連責罵也十分少見，如果需要處罰，他們的方式是要學生去「time out」。什麼是time out？time out是教室裡的一個角落，有點類似無形的柵欄，讓不乖、胡鬧的孩子去那個區域裡坐著。另外我還發現另一個更有趣的地方，叫做「time in」，是相對於time out的另一個角落，那裡擺滿了玩具。我好奇下問了美國老師：「那個角落是給怎麼樣小朋友去坐呀？」他說：「那些特別高興、特別興奮的孩子。因為有時他們的亢奮情緒，可能會影響到別人，所以我們讓他去角落玩一下，發洩一下。」

我想這老師一定很注重孩子情商的培養，因為對他們而言，小孩子所有的情緒都是正當的，你要讓孩子發洩出來，而不是去壓抑它，這是很重要的認知。我們不該用大人的道德觀念來壓抑小孩子的情緒，因為那都是自然生成的能量，就像季節中的春夏秋冬，你討厭冬天，但冬天依舊存在。父母或師長該關注的任務很單純，應該放在如何讓比較負面或影響到別人的情緒，用比較適當的管道發洩出來才是。

不同性別在控制情緒上得使用不同方式

國外有個有趣的研究，他們想知道男性和女性在控制情緒上，有什麼不同的地方，結果發現，要女性在生氣的狀態裡和緩下來，最有效的方法是找一個人陪她聊天，如此一來她的血壓便可降下、心跳也會緩和；然而此法對男生並不適用，要一個男人在氣頭上找人聊天，幾乎一點效果也沒有，他必須要去發洩，比如說去跑跳，或做一些耗費體力的事情，藉由這些動作來舒緩自己的情緒。

所以我們要知道，男生和女生天生在處理情緒的需求上，有著本質的不同。以我自己做心理諮詢為例，我的個案有80％到85％都是女性，看過前段的研究實驗，

應該就不難理解原因為何，因為對於女性，諮詢的這過程本身對她們來說就是一種療癒了，即便她們的問題並沒有被解決。那麼為何男生個案較少？就是因為這方法對他們往往沒效，男生反而喜歡找哥兒們喝酒、一起打球或是騎車，對他們來說更舒壓。的確從生理角度來看是這樣子沒錯，男女在做完不同的事後，生理激動的指標，下降的方式也不一樣，所以要接受男女生平復情緒的方法不同這個事實，在孩子有生氣等情緒時，爸媽也可以將其性別做為後續處理方式選擇的考量。

爸媽的情緒控管能力，也會深深影響孩子

培養EQ有很多方法步驟，但除此以外，我覺得更重要的是在過程中「父母扮演了什麼樣的角色」。像我常在學校當義工時，注意到一些情緒控制不佳的孩子，在了解過他們的父母、家庭後，就知道孩子的行為多多少少都有父母的影子在，不敢說是百分之百，但他們的父母通常也屬比較容易激動的情緒類型。

因為一個人生命中的前幾年都是在家庭裡，如果他沒有一個好的參照點，就會把父母和他的互動看做基準，自然而然模仿那種模式。以我為例，其實我自己也很慚愧地發現，自己有些不好的情緒習慣，已經漸漸影響了孩子。像是我家老二，他在兩、三歲時很調皮，而我是不打孩子的，但在很生氣時會用力拍打沙發，直到有次我發現他在和哥哥吵架時，也會做出拍沙發的動作，簡直和我一模一樣。我有點嚇到，我的行為怎麼被他唯妙唯肖地學去了，於是我就警覺父母自己怎麼處理情

緒，對小孩來講就是一種最有力的教育方式。這不僅是對於EQ情商，對於各方面來講都是一樣。

當然，夫妻彼此的情緒也是孩子的一個觀察、模仿重點。如果可以，最好不要在孩子面前吵架，但怎麼可能。因此萬一真的在孩子面前吵架，或是冷戰的時候，最後千萬要在孩子面前和好，讓孩子知道吵架之後和好，是個很正常的循環。他觀察久了以後就會知道並非不能跟別人吵架，而是不逃避吵架、不害怕和好，因為不跟人吵架的孩子不一定表示他的EQ很高，反而可能代表他性格退縮，害怕跟別人衝突，但有些衝突是必要的，例如你看到不公不義的事情、看到有人插隊、看到有人欺負弱小，這時你能不仗義執言嗎？所以讓孩子知道必須要表現出我們的情緒或是立場的時候，也不要害怕，只要就事論事，孩子便會從正面去學習。

培養懂得感恩的孩子

物質文明愈發達的社會，愈會缺乏「感恩」的心理；而我覺得感恩的反面不是「不感恩」，而是「理所當然」。

以我為例，可能因為較常出差的關係，我觀察到像柬埔寨、越南，或大陸的一些三線城市，他們的生活水準或許不像台北那麼好，相較起來，我認為自己孩子能生活在物資充裕的台北，是件很幸福的事情。問題是，我的孩子們卻沒有這樣的感覺，他們會覺得理所當然。因此我一直在想辦法讓他們不要有這種感覺，讓他們知道並不是什麼事情都是理所當然的。直到有次發生一個狀況，我才更加發現事情的嚴重性。

沒有經過比較的孩子，就容易覺得理所當然

以往我出差回來，都會幫孩子們買些玩具，但那次我去柬埔寨出差，當地沒什麼百貨公司，所以我也就沒有機會幫孩子買玩具。不過回國前一天早上我有個空檔可以外出逛逛，所以發現了當地

市場裡有賣一種東南亞孩子在玩的玩具，它用籐條編織而成，名為「籐球」。我覺得新奇，於是興奮地買了一個回來。

回到臺灣後，孩子便開始問我：「這次買了什麼玩具回來？」結果當他們看到籐球後，卻表現出一臉不屑的樣子。那時我發現了，原來我已經養成他們「只要爸爸出差回來一定會買玩具，而且是愈新、愈貴的玩具」那種錯誤心態，這讓我心裡有點害怕。所以，從那次以後，只要是出差，我就會跟他們說：「爸爸出差回來，不一定會買玩具。但如果有看到一些對你們有幫助的東西，我會幫你們帶回來。」我開始做些事情，希望養成他們感恩的心態。

那段時間我常會上網，陪他們看一部叫《變形記》的大陸節目，這節目的內容很有

意思，它會找來兩個不同家庭的孩子，讓他們過對方的生活一、兩個星期。通常其中一個是都市裡的孩子，平常物質享受無虞；另一個孩子則是住在大山裡、物質缺乏，甚至家中唯一的電器只有燈泡。

我記得我們看過其中一集，主角之一是來自雲南的女孩，雖然已經十歲了，但因為營養不良，所以身體瘦弱，完全不像五年級孩子該有的模樣。這個孩子的爸爸媽媽都在城市裡打工，一年只會回去一次（就是春節的時候），且返鄉過程要先坐一、兩天的火車，再轉十幾個小時的大巴，接著再走四、五個小時的山路。至於這名10歲的孩子呢？她小小年紀就得照顧一個弟弟、一個妹妹，還有生病的爺爺奶奶。每天必須自己上學、放學，路程都是超過一個鐘頭的崎嶇山路。

更誇張的是，連學校課桌椅都要自備。也就是說她每次開學都要背著家裡的桌椅走去學校，待學期結束再背回來，多麼刻苦。

另一名主角則是個出生城市裡13、14歲的小女孩。她被寵壞了，每個禮拜的零用錢至少有一、兩千塊人民幣。這個來自大城市的女孩很叛逆，抽菸、打架樣樣都來，已經變成小太妹了，最後爸媽只好硬將她送來這個節目。她不情願地被交換到了雲南的大山裡，儘管中途她想逃跑，但是又能逃去哪裡去呢？也只好乖乖認命被逮回來。

大山裡的女孩有留了一張紙條給城市來的這個陌生姊姊，告訴她每天必須完成的工作。例如每天5點起床要先餵豬，然後去雞舍裡撿雞蛋，還有做早餐給弟妹還有爺爺奶奶吃，之後再去上學，上學回來還有其他雜事，然後記得每三天幫弟弟妹妹洗一次澡，平時睡前要燒水用溫毛巾幫弟弟妹妹擦擦手、擦擦腳、擦擦頭再讓他們去睡覺。另外，大山女孩有留下一點錢，非常少，一元幾角吧。接著交代她每個禮拜必須帶雞蛋去山下賣，而賣的錢必須買鹽、洗衣粉等生活用品。一切都精算得剛剛好，並說明哪一家店賣的鹽最便宜，比其他家少三角。這讓城市來的女孩子覺得非常不以為意，因為她以前根本不必在意這些小錢。

我和孩子看過幾集後，他們也覺得非常不可思議，疑惑：「怎麼可能有人過得了這種生活？」我就跟他們：「這是真的，此時此刻正有人過這種生活。」但這對他們而言太遙遠了，難以切身體會。

多多接觸外界世界，才能理解感恩的重要

之後只要有機會，我的家庭都會招待原住民的孩子來我家住宿。這些孩子有的是來打棒球，有的是參加表演歌舞，他們需要住宿的地方，我便開放我的家庭讓他們來住。我們最近一次招待了一個來自屏東的孩子，和我大兒子一樣大（10歲），體型瘦瘦小小的。當我第一天接到他時已經晚上了，太太因為家裡有小客人來，所以那頓晚餐煮得特別豐盛。其中有炸雞腿，但我卻發現那個原住民孩子一直都沒有吃雞腿，於是我就向他詢問：「弟弟你不喜歡吃雞腿嗎？」他說：「喜歡，但是因為明後天有表演，教練說不能吃炸的東西，否則會影響嗓子，所以不能吃。」我當下就覺得他很自律，畢竟哪有小孩不喜歡吃炸雞腿呀！於是我向他說，我們可以幫他留起來。同樣地，因為夏天天氣熱，孩子們要吃冰，於是我便帶著他們一起去便利超商，但那個孩子也因為教練的關係，忍住了吃冰的慾望，所以我就請他挑一個不冰的東西請他吃。這些舉動，我的三個孩子自然都看在眼裡……。

因此我覺得，若要讓孩子學會感恩，學會戒除「理所當然」的錯誤心態，父母可以讓他們多接觸外面的世界，或是把外面的世界迎接到家裡來。這會讓他們產生不同觀點，讓他們知道自己現在所擁有的，可能是別人所沒有的，讓他們知道飯桌上有肉，想吃冰時有冰，這些都不是天上掉下來的禮物，背後肯定有人幫你做這些事情，為你犧牲，如果沒人幫你，你就一無所有了。這個世界就是這樣，想得到什麼東西就必須去努力，所以需要時時懷著一顆感恩的心，在自己有能力時去幫助

別人，這樣當自己沒有能力時，別人才會願意協助自己。

美國的心數學會（HeartMath Institute）曾經做過一系列的實驗，比較人在處於「感恩」跟「非感恩」心態差異時，我們的腦波和心電圖會有怎樣的變化。結果很有趣，這些科學家們發現當人在處於「感恩」的這種狀態時，腦電波會最強，但心跳卻是最平穩。這或許能解釋為什麼我們都很討厭和一些愛抱怨的人在一起，而樂於與懂得感恩的人相處，因為從生理的角度來看，不論是腦電波或心電圖，有電就有磁，感恩的人所散發的磁場不一樣。

培養愛運動的孩子

人類在進化的過程當中，尤其是工業革命以後，運動量相對過去大大減少許多。人類學家研究發現，工業革命之前（狩獵農耕時代）的人類每天平均要走12英哩，大約是18、19公里的路。而在工業革命後這一百多年，因為科技愈來愈發達，勞力被機械取代，所以即便不靠自己的雙腳肌肉也能抵達想去的目的地，以致如今有些人甚至一天走路的距離連一公里也沒有，這運動量幾乎是原先的二十分之一不到。

從進化歷史來看，過去的人類每天大量地運動，所以這部分的生理基因，應該還是存在於我們身體裡面才對。只是現今城市的環境，空間狹小擁擠，可能不利於小朋友或大人好好運動，如果要有個適合的環境，更必須花錢，去運動中心、健身房、預約教練等等，效果也不一定會如自己預期。因此我會建議，可以給孩子一個比較開放、比較自由的空間，讓他的天性自然而然跑出來。

運動對孩子有什麼好處？

週末或長假時，我會帶小孩子去露營。這是很方便又有效益的選擇，只要一塊大草皮，孩子們自然就會玩得滿身大汗，這個過程就是運動。他們還會去探索大自然，奔跑、打滾、爬樹、交新朋友，你會發現其實孩子好動的性格是天性使然，因為運動這種基因還是存在我們體內，如果不遵守這種模式，就容易產生心理、生理上的不適應，甚至衍生疾病。舉例來說，幾十年來這一代的孩子，有過敏體質的人特別多，很多父母帶孩子去檢測過敏原，最後醫生都建議要讓孩子多運動（尤其是氣喘的孩子，常會建議讓他們多游泳）。運動雖不是萬靈丹，但確實可以讓孩子預防甚至治療他們的疾病，更不用說是肥胖問題了，改善肥胖問題，就是抑制百病之源。

除了生理上的好處外，運動也和我們接下來要講的幾個項目有關係，比方「領導力」、「自控」、「抗壓」等等。這些能力，孩子都可以從運動當中去很自然地磨練，並獲得成長。運動甚至會影響孩子的學業成績。美國曾有這樣的案例，某一個州的學生學業成績一直以來都名列全國後段，於是當地督學想盡各種辦法、請了各種顧問協助，卻都沒有成效。直到後來一名顧問提議：「不如增加體育課吧！」這個提案讓督學聽了覺得莫名奇妙：「想增進學業成績，怎麼會是增加體育課？」但還是決定死馬當活馬醫，做個折衷的選擇——「零時體育（Zero Hour PE）」，也就是將增設的體育課程排在學生到校後與第一堂課之間。如此既可以增加體育課時數，又不會佔用到其他課的時間。神奇的事情發生了，這間學校的學生成績確實普遍提高了。

於是專家便投入研究這個現象，發現我們以前常說的「頭腦簡單，四肢發達」其實是錯誤觀念，應該相反過來——四肢發達的孩子，頭腦才更不簡單。因為透過運動，你會吸進更多氧氣，且運動過程人其實有在動腦，所以效果自然卓越。他們後來又對「零時體育」的方式做了變化，去測驗不同的小朋友，看看哪些科目是他最弱的項目。例如，孩子最弱的科目是數學，就讓他上數學課之前去跑步（也不一定是跑步，就是讓他流汗），運動完再上數學課。如此多次實驗後，發現到孩子們最弱勢的科目成績都大幅提升了，這便證明了在最弱的科目之前去運動，能幫助這個科目學習效果更好。所以適量地運動，研究上顯示的確對他們的學業成績有所幫助。

如何讓不愛運動的孩子願意運動？

讓孩子運動的方式有很多，根據不同孩子的個性、習慣等等，都可以找到因材施教的觸發點，讓孩子運意願動，甚至喜歡上運動。

以團體取代個人

舉例來說，一個孩子在約莫三歲以後，他的大肌肉、小肌肉已經發展得比較完善，此時我們就可以呼朋引伴，召集一些鄰居的小朋友、親戚的孩子來一起玩，透過玩的過程來運動，孩子就不會覺得運動那麼累、那麼辛苦，因為他們可以享受和同伴在一起的樂趣。一起玩的小朋友愈多，可以運動的項目也會愈豐富，例如當周遭有七、八個孩子時，他們可以玩躲避球、足球、籃球、羽毛球等比較團隊的活動，但如果孩子只有一個人，能選擇的運動大概只能跑步、溜直排輪這類，一旦沒有人陪他玩，他就會失去對運動的興致。所以我認為以團體取代個人是誘使孩子養成運動習慣的要領之一。

根據孩子抗拒運動的原因對症下藥

第二個重點，是要針對孩子抗拒運動的原因對症下藥。比方有些孩子不喜歡流汗，有些孩子怕熱，有些孩子不喜歡輸，此時如果我們針對他們不喜歡的部分下手改善，往往可以獲得不錯的結果。

例如，要讓一個怕流汗的孩子養成運動習慣，我們可以利用乒乓球嘗試看看，因為打乒乓球一定在室內，且場地大部分也備有空調，和棒球、足球等等運動比較起來相對舒服，同理也可以選擇游泳或者溜冰之類的運動；而不愛比較輸贏的孩子，則可以建議他們從腳踏車、慢跑這類運動開始下手，因為這些都屬於偏向挑戰自我的類型，不必和他人有勝負壓力。

找到孩子運動的成就感來源

第三，一個長期愛運動的人，必然是在這個領域累積到滿滿的成就感，通常這個成就感來自他

案例收錄

如何讓不愛運動的孩子，而你用了什麼方法讓他喜歡運動？

「是否能贏過在這運動中同齡的大多數人」。先天的遺傳基因是影響之一，例如有些人先天在短跑運動上有天賦，而有些人則耐力十足，適合跑馬拉松。這取決於我們先天肌肉纖維的形式（擅長短跑的人先天短肌肉較多，爆發力強；耐力型的人肌肉長纖維比較多，所以能耐力強），這些我們也可以在職業賽場上觀察到。舉例來說，奧運短跑項目通常都是黑人的天下，但游泳項目卻不是。那是因為黑人體質屬短肌肉，密度較高，密度較高就意指在水中會更下沉，所以這是天生的、沒辦法改變的事情。因此，身為爸媽的我們可以在小孩子跑跑跳跳時觀察他在哪些領域表現得比較好，找到他的強項後，再投入運動裡，他就很容易有成就感，並養成長期運動的習慣。我覺得在孩子小時候，爸媽可以多方嘗試，什麼運動都可以讓他們試試看，或許真的可以找出他的天分所在。

像我們家除了老二之外，老大、老三都不喜歡運動。老大討厭運動的原因，是因為不喜歡身上黏膩的感覺；老三則是不喜歡輸，他年紀最小，和哥哥們運動一定很容易輸，所以不如乾脆不要玩。

前面提到的三種方法，其實就是從他們身上實驗而來的。幫助老大，我就是使用團體的方式，利用這階段孩子是群聚動物，即便不愛運動的孩子，還是會喜歡和同伴在一起的特性，讓老大敞開心房去運動。因為如果一個人獨處時，比較容易活在自己的世界裡，如果是兩、三個人，有自己的同學或是社團的同學，孩子就容易放得很開，這是我從我家老大身上觀察到的特點。所以通常我要帶老大去運動前，會先問其他的爸爸媽媽，有沒有要去哪裡活動活動，可以帶孩子一起嗎。如此一來，老大很自然地就會和他同齡的同學玩在一塊。在他心裡，他覺得是在玩，可就是有達到運動的效果。

至於老三，我發現他不愛運動的原因，是因為自己個子較小，玩起跑步或球類運動都比較吃虧，會一直輸給哥哥們，因此我便鼓勵他和哥哥們一起玩捉迷藏，發揮他個頭小、好躲藏的優勢，自然就能培養出他的成就感和自信心。

培養高領導力的孩子

有「領導力」的人都是一種樣子嗎？一般大家在聽到「領導力」這個詞時，都會想到個性外向，很能言善道的人，將這種性格和領導力畫上等號，但現實中你會發現，有些人是「內向的領導者」他平常不太說話，但舉手投足盡是權威感，於是只要他開口，大家都會仔細聆聽，或是當大家不知所措時，會把眼光投向他，看看他會講什麼、有什麼解決辦法。所以第一個要澄清的是，領導力不是像孔雀或獅子一樣，只有一種樣貌，它有很多樣貌。所以不要就孩子現有的個性，來幫他下是否有領導能力的結論。再來要澄清的迷思是，要領導別人之前，必須先領導自己。在培養孩子成為別人的領袖以前，讓他先能夠領導自己比較重要。

用自信讓孩子學會領導自己

如何領導自己？最簡單的辦法，就是讓孩子給自己設立一個目標。即便年紀很小的孩子也可以（愈小開始這個過程會愈自然）。我曾經聽過一個演講，是西點軍校校長給學生的演講。他說：「我希望你們每天早上能做好的第一件事情，就是摺好你們的棉被。當你今天起床摺好棉被後，便完成了許多待辦事項中的第一項，開始有了小小的成就，接著帶著這個小成就，去完成第二件事情、第三件事情，如滾雪球一樣，儘管很累，但會一直覺得『我今天還可以完成許多事情』，而有更大的動力去完成它。」我覺得這個道理很能放在培養孩子的領導力上。

不只要讓孩子領導自己，同時也要讓他從這個過程中，得到一些成就感。例如，當孩子說出他今天想要完成的一件事情是「把早餐通通吃完」時，你就不要刻意給他太多早餐，而是他吃得完的，或是份量少一點的量。如此一來，當他真的吃完以後，就會產生成就感，也會對自己有信心。一個領導者，不論是外向型或內向型；是說話很華麗還是沉默寡言；是事必躬親還是權力下放，他們都有一個共同的特徵，就是很有自信。所以讓他們從小就設定目標，並達成自己的目標，他們就會培養出自信心和成就感，等到他們稍大的時候，再安排他們參加一些團隊活動。

童子軍就是個很好的活動。我讓自己的孩子接觸童子軍，因為我認為童軍運動講究合作，也會給每個人適當的機會去擔任領導者。在這樣的經驗裡，孩子就能夠試著帶領自己的隊友闖關，或是去達成任務，就算結果失敗了也沒關係，因為這會使孩子知道成為一個好的領導者沒那麼容易。如此，將來他成為團隊一員時，會比較能尊重領導者，也能知道領導者在想什麼，能夠做好團隊中一個好隊員的角色。其實我們也並非要教孩子在每個領域、無時無刻都扮演領導者，而是告訴他們，無論是領導還是被領導，都必須要有良好的心態和優秀的特質，不然這個世界上每個人都想當總統，豈不可笑？

小心別讓孩子的自信成為阻力

在一些研究當中，心理學家發現到「獨生子女比較可能變成領導者」這個現象，歸納原因有三：一是因為他們是家中的獨生子女，所以說不定連大人都聽他的話，自然會養起領導的性格；第二是既然是獨生子女，就有比較多的資源投入在他們的身上，不論時間或是金錢，獨生子女從小就享有比較多教育的資源；第三則是大人的眼光都放在他們身上，稱讚他們的一舉一動，所以從小就自信心滿分，覺得自己是最棒的，這就達成「領導力」的其中一個要件。

但這樣養成自信心和領導力的方式，也有其危機存在。最簡單的例子，就是很多獨生子女投入社會時，會不適應「人人平等」這件事。外在職場誰管你是獨生子女，所有人都在同一個起跑點出發，因此對於這個事實，獨生子女可能會遭遇到比較大的挫折感，或更精確的說法應該是，人人都有挫折感，但他們的感受會更強烈一些。他們或許剛投入第一份工作，就因為一件事情做不好而被主管責罵，此時心裡便無法調適，覺得「你為什麼罵我？以前都沒有人罵我……」這就是他們要面對的一種挑戰。

這也是為什麼我們前面會強調不僅要培養孩子的領導力，也要培養他們被領導的能力。因為一個人不一定會在每個階段都扮演領導者的角色，當兩個擁有領導天賦的人碰在一塊時，領導特質更高的這個人勢必就會出頭，由他來發號司令，另一人則要變成被領導的人，作為輔助、給予建議。

當一個團隊中這兩者角色（領導者與被領導者）的分界不是那麼明確，且還有競爭狀況的話，它就會變得很不穩定，變成常常都有人要挑戰領導的位置，誰也不服誰，對團隊或對個人來說，都不會有任何幫助。

培養高自控力的孩子

「自控力」是什麼？這三個字聽起來有點抽象，不太好懂。我們在此用個具象化的比喻來解釋，自控力就好像我們身上的肌肉，它有兩個特徵，第一是它「如果過度使用，就會疲憊」，第二個特徵則是像肌肉一樣「愈用會愈發達」。

過度使用，就會疲憊的自控力

當你觀察一個學齡前的孩子時，你會發現他一天當中的自控能力，是呈現一個M字型的狀態。意思是在他剛起床時，自控能力會比較差，會出現像是起床氣的行為；接著自控力慢慢提高，情緒逐漸穩定，但到了中午又變得很「番」，難以控制，如果讓他睡個午覺，就會和緩下來；最後就是在睡覺前，孩子也常會有哭鬧的情形，因此自控力的走向在一天之內呈現一個M字形的樣子。

這個M字型說明我們的自控能力如同身體肌肉一樣，是需要休息的。國外曾做過一個有趣的實驗，他們在購物中心放了一個冰桶，裡頭是水溫接近零度的水，接著隨機找路人來實驗，通過這項實驗的人，可以得到100塊美金的獎賞。

實驗有兩種方式，一種是把手放進冰桶裡面，觀察者負責計算秒數，被實驗者只要覺得受不了就可以把手抽出來；另一種方式則是被實驗者將手伸進去冰桶裡，直到觀察者說「拿出來」才能將手抽出來，兩種方式都可以得到100塊美金。但其實這些參與實驗的人並不知道這個過程只是幌子，真正的實驗在背後。當被實驗者拿到100塊後，他們會被跟蹤並偷偷拍攝，看看他們拿了100塊美金之後會在這購物中心做什麼。

後來他們發現第二組的人，也就是將手伸進冰桶裡比較久的人，大部分都會在購物商場內把剛剛贏來的錢花光，甚至再自掏腰包出來買更多東西；反觀第一組的人就比較節制，有些人甚至沒有買東西就走出去了。這使這個實驗得出一個結論：「第二組人的手伸進去時間比較久，他的自控力在實驗當中幾乎被消耗殆盡了，以至於當他拿到100塊時，只剩下很少的自控力了，所以就

會把那100塊花完。」

這個實驗給家長的啟示是，你不能讓孩子連續做多件需要高自控力才能完成的事情。舉例來說，爸媽如果要孩子寫好功課，那就盡量別在做功課前要求他們做家事。因為這兩件事一般的孩子都不喜歡做，一旦要做，就得發揮自控能力，但當他們運用有限的自控力來做完家事以後，就沒有足夠的自控力來專注在寫功課上面了，因為他們的自控力已經疲乏。所以爸媽在規劃時最好做間歇性的安排，像是先做家事，再看電視，然後寫功課，之後去院子玩一下，接著再去練琴，要有這樣的間隔，讓他自控力的肌肉得到一些休息，這是我們從上述實驗中得到的啟示。

自控力愈用會愈發達

愈是鼓勵孩子使用他的自控力，他的自控力就會愈發達。一個孩子從上幼稚園之後，他的專注力就被要求要逐漸地拉長，因為完整一堂課的時間是30分、40分，代表他得專注並控制自己想出去玩的慾望，或是跟別人聊天的慾望。我們可以觀察到自控力的運用是一種逐步的過程，所以像比較有經驗的小學一年級老師，會在50分鐘的課程中間，讓小孩子起來活動一下，因為當他們從幼稚園到國小階段的轉換，還不適應一下就要專注這麼久時間，所以把一堂課切換成兩堂小課，然後慢慢地再30分鐘休息一下，到最後50分鐘都不用休息，這就是一個培養他們自控力的過程。

案例收錄

為什麼我的孩子自控力那麼差？

有時候並不是孩子的自控力差，而是家長沒有給他一個清楚的指示。例如我們常在百貨公司玩具的樓層看到孩子坐在地上哭鬧，通常這個時候，我們會替這個孩子貼上「自控很差」的標籤，但追根究底其實家長也必須負點責任。他們可能出門前沒有和孩子說清楚：「今天去百貨公司，會經過玩具的樓層，但我們只逛不買。」如果爸媽有先這麼和孩子說過，我不敢保證100%，但大部分小孩心裡會有一個正確的期望值，就是今天會去百貨公司看玩具，但是不能買，因此便不太會哭鬧，頂多就是在看到喜歡的東西時，說句：「爸爸，下次可以買嗎？」這時候不論你回

答「可以」或「不可以」，我都建議你可以趁機鼓勵小孩，說「你很棒喔，今天都沒有說要買玩具」，同時也可以再跟他說下次能買玩具的條件是什麼。

這是一種雙重肯定的方法，來加強孩子的自控力。第一個肯定，是肯定孩子當下並沒有吵鬧著要買玩具；第二個肯定，則是給他一個比較長的時間，學會控制自己完成這個階段的任務，進而得到他的目標。但反之，如果今天家長沒有事先與孩子說明，反而讓孩子有了不切實際的期望，等到進了百貨公司，看到想買的玩具後，才發現爸爸媽媽根本沒有要購買的意思，小孩子一定會晴天霹靂。所以我認為當爸媽遇到這類「小孩子鬧情緒」的情況時，自己也應該要有一種自省，要更有耐心地向孩子解釋，像是：「爸爸今天沒有跟你說清楚，來這裡只要看沒有要買，因為我們和朋友已經約好要吃飯，快要到餐廳了。」讓孩子明白你的用意，他就不會那麼不可理喻。

另外還有個案例，曾經有個媽媽週末下午帶孩子去看電影，看完電影後，與朋友在餐廳內有約，但是電影到餐廳之間的路途，會經過百貨公司的樓層，於是小孩子經過玩具樓層時吵著要買玩具。跟前面例子不同的是，這位媽媽並沒有拒絕孩子，而是為了要趕快打發小孩，所以說：「好好好，趕快買！」結果小孩子很高興地買了玩具，開了一個不好的先例。

這個小孩食髓知味，和媽媽在餐廳等位子時，又嚷嚷著要買對面的冰淇淋。媽媽起先說不，因為待會就要吃晚餐了，然後小孩子就開始哭鬧了。為了避免在眾目睽睽之下丟臉，這次媽媽還是用同樣的方式去解決問題——買冰淇淋給孩子，但對孩子說「讓你買，但如果等一下飯沒有吃完，妳看要怎麼辦」，就這麼又第二次破例了。小孩子當然很高興吃到冰淇淋，母女後來也進入餐廳，你猜接下來怎麼樣？孩子晚餐果然吃不完，因為她吃冰淇淋已經吃飽了。這時媽媽終於忍不住大發雷霆，在餐廳裡面大罵孩子。

這個例子告訴我們，有時候我們以為失控的人是孩子，但其實是爸媽先失控。爸媽要是有控制好原則，在孩子一開始吵著要買玩具時說「那個玩具很好玩，等一下吃完晚餐後，我們再回來這裡一起看」，小孩可能還會覺得不錯，不會吵鬧，也不會發生後續又要買冰淇淋又吃不下晚餐的狀況。小孩子的自控力和大人的自控力是連在一起，無法脫鉤的。

培養高抗壓的孩子

首先要強調一個正確的觀念，抗壓性大多是靠後天培養而成，所以沒有一個孩子是先天抗壓性就特別高的。既然後天可以培養，就說明有些方法有效，有些方法沒有效，這裡我們就特別分享幾個比較有效的方法——❶關心你的孩子；❷養成多多運動的習慣；❸找到擅長的興趣活動；❹訓練孩子重新看待問題的能力。

培養抗壓的有效方法❶：關心你的孩子

第一，抗壓性這種能力，更容易在「關心」之中去培養，因為人的生命中，總是需要幾位比較關心自己的人（例如父母及師長），作為自己的避風港。營造好這個環境，讓孩子即便遭逢巨大壓力時，也有個可以傾訴的地方，他便容易把這些傷心、難過化解掉。

很多人以為「抗壓」就是獨自面對所有的事情，大錯特錯，因為一個人的抗壓動力，往往來自於他覺得自己並不孤單。他認為自己是被關心的，碰到困難和挫折時，有求助的對象，不會感到孤單，反而成為他努力反撲的力量來源。如果爸媽沒有給予孩子適度關心，他們會一直以為自己要單獨面對這些問題，最後導致自己無法解決問題然後徹底崩潰。最顯而易見的例子，就是有些孩子在學校碰到霸凌，但他不敢跟老師、家長反映，不敢尋求協助，因為他們認為「找人幫忙，反而被罵被笑」，最後發生悲劇。

培養抗壓的有效方法❷：養成多多運動的習慣

運動對於抗壓力的培養也有很大的幫助，因為不管哪種運動本來多少就帶點競爭意識在，不論是和別人競爭，還是與自己競爭。一個習慣運動的孩子能承受運動帶來的勝負，以及時時與自己的惰性對抗，讓自己不斷突破。同時，透過運動，也可以讓一個人得以「減壓」。愈來愈多上班族，越是平常工作壓力大，越是需要空出時間來運動紓壓，無論是騎自行車，或者去打籃球、打高爾夫球等等，都是為了要讓自己在生活裡培養更高的抗壓力。

除了我們一般常想到的跑步、騎車、球類運動外，我們也能教導孩子一些減壓練習，像這幾年歐美、臺灣都很流行的兒童瑜珈即為一例。瑜珈不是只有控制孩子柔軟度的功用，更大的好處，是教導小孩子控制呼吸還有肌肉等自己身體的基本功能，讓孩子在學會控制的過程中，能夠很快地從焦慮或緊張的狀態冷靜下來。

培養抗壓的有效方法③：找到擅長的興趣活動

第三個方法，是從小讓孩子培養一種他擅長的興趣或活動，不論是音樂、畫畫、書法，還是其它方面都行。因為他從小有這樣的技能，所以在他的興趣領域裡，可以累積成就感，好補償他在外面做不好、表現得比別人要差時的挫折感。對抗壓力就是要這樣，當你做不好某件事情時，便會出現挫折感，這時候如果有個小小的綠洲或港灣，便能讓你有自我喘息的空間。反之，一個沒有興趣或嗜好的人，就不容易從其他地方建立自信心，只能深陷在流沙當中，無法自拔。所以我認為從小培養興趣是孩子擁有高抗壓力不可或缺的環節。

培養抗壓的有效方法⑤：訓練孩子重新看待問題的能力

第四個，也是最重要的一個，爸媽要訓練孩子重新看待問題的能力。有很多事情或困難，我們沒有解決，但我們可以換一個看待困難事情的角度，如此就會產生很不一樣的結果。

舉個霸凌的例子。一般而言，在學校受到霸凌的孩子，通常會隱忍不說，不敢反抗，每天都過得很痛苦。但我在美國時遇過一個特別的孩子，大概九歲、十歲左右，他在學校遭受同學霸凌。有趣的是，這個孩子一直都笑咪咪的，功課上也絲毫不受影響。於是我問他：「你怎麼看待霸凌你的人？」他回答：「爸爸媽媽告訴我，那些人會霸凌我的人，是因為無法控制自己的行為，我反而有點可憐他們。」當下我就覺得這個小孩子調適的方法真棒，因為他並沒有去怨恨他們，他覺得是因為別人沒有辦法控制自己的行為，所以不要和他們計較。當然，這個孩子後來的人際關係也慢慢變好了，先前霸凌他的同學，也都和他處得還不錯，這就是孩子有重新看待問題的能力時，可以化解壓力的好處。

這種能力爸媽在平常生活中就可以幫助孩子培養。比方說，原本約好星期六出去玩，結果下大雨了，出去玩很不方便，爸媽就可以趁機和孩子討論可以去做哪些下大雨才能做的事情，例如穿上雨衣，去刷院子的地板，或者年紀較小的小孩子，可以穿著雨衣雨鞋踩水、玩泥巴等等。重點就是讓孩子重新看待下雨這件事情，讓他創造更多的樂趣。讓孩子保持這種「think outside the box」的能力，將來長大遇到問題時，可以看到別人看不到的解決辦法。

Q 在知道孩子遭受霸凌，感受到壓力時，可以怎麼幫助他？

首先，爸媽不要自己先把解決方式講出來，而是引導孩子講出自己的感覺，問他們對「被欺負了」這件事情上，自己的看法是什麼。先幫他們處理心情，再跟他們討論事情。有些大人可能會說：「就這一點小事，幹嘛難過？幹嘛哭？」其實這只會讓孩子更有挫折感，因為每個孩子碰到同樣情境時，他的個性不同，反應也會有所差異。我覺得家長要儘量接受孩子的反應，他們現在的感覺，都是最真實的，而當他們覺得被接納、被理解後，才會敢跨出下一步。

一旦大人接受他們的情緒，孩子也會接受自己的情緒，如此，他們才可以更理智勇敢地去想接下來要怎麼解決這個問題。我認為大人不要太急著扮演拯救者的角色，而是做個好的協助者、傾聽者，對於培養他們的抗壓性會比較有幫助。

當然，爸媽要孩子學會抗壓，自己也必須要以身作則。有的爸媽總是

喜歡以「連爸爸 媽媽說你兩句都無法接受，你要怎麼適應外面社會的壓力」來合理化自己的低EQ行為，常常出現如大聲吼叫、摔門或是出口成髒的舉動。這些行為孩子們都會很快地模仿起來，將來長大，在遇到情緒壓力時，便用同樣的手法去宣洩。所以大人的低情商行為對孩子抗壓力的培養，一點好處也沒有。

Q 孩子在壓力下常會衝動行事，我該怎麼做？

我們可以從小教導孩子，在他們生氣或緊張的時候，先深呼吸三口氣，然後再做出行動。其實我們要創造的，是在這個過程中約六到九秒鐘的時間，先讓他的大腦平靜下來，因為我們人腦在碰到壓力情境時，自然反應就是「走捷徑」衝動行事。但是在一般正常狀況下，我們大腦的迴路是先有知覺，然後進入情緒區，再進入理智區，理智區分析現在的狀況後，才進行決策處理。但在遭遇壓力時則不是這麼一回事，我們會不自覺地跳過理智區，直接按「知覺→情緒→決策」的步驟衝動做出行為，而這個行為往往會釀成無法挽回的大錯。但此時如果你能夠創造六秒以上的空間，大腦便會被強迫走回正常迴路，不會略過理智區，這時候小孩作出的決策，就能跟大人一樣理智。從小到大讓孩子熟悉並善用這個方法，孩子就不會在碰到壓力情境時手足無措，或者做出很不合理的選擇。

四號談心室

孩子上學篇：
孩子的學校教育與學習

如何幫孩子挑選適合的學校

孩子為什麼要到學校上學？根據教育部統計，近年不論是國小、國中還是高中，在家自學的人數都是逐年增加，顯然如今有愈來愈多家長認同在家自學的理念。既然如此，為什麼還要有學校這樣的機構存在呢？我認為學校有兩個必要存在的社會價值，而且這兩個價值是在家自學所不可取代的，第一就是「適應多元社會關係」，其二是「教育資源充沛」。以下我們會簡單說明，並且告訴爸媽們選擇學校時須注意的重點有哪些。

學校不可取代的功能

我認為學校最大的價值，就是它類似一個小型社會的特性，協助孩子從家庭到社會的過程中，有一個過渡學習的機會，所以學校除了傳道授業解惑之外，很重要的就是社會功能。沒了學校這個階段，孩子直接自家庭到社會間的落差太大，要適應起來也將更加困難。

學校的功能1：適應多元社會關係

在學校的系統內，孩子必須學會怎麼與上、下和平行關係打交道。向上，指的是和地位比自己高的人打交道，這些權威角色是老師、校長、主任，還有比較高年級的學長學姐；另外還有比較平行的關係，例如與班上同學相處時，如何去處理一些糾紛、競爭與合作等等；再來則是對下的相處，隨著孩子從低年級到高年級慢慢成長，學弟學妹就越來越多，孩子有機會學習如何去照顧這些比較幼小的小朋友。例如，高年級的學長姐必須充當糾察隊，負責指揮交通，且上學時間要比別人早、放學時間會比別人晚，以便維護中、低年級學生上下學的交通安全，養成過往沒有的責任感，我認為這是學校能給予孩子非常重要的社會功能。

學校的功能❷：充沛的教育資源

學校除了社會關係的養成外，知識學習的方式也與在家自學有所不同。學校的教育屬比較有系統性的知識學習，十分規律地在每個學期發放新的課本，也會有定期二到三次的考試（期中考、期末考），定期增聘各專科老師，購買最新教具及實驗器材。很重要的一點是學校提供一種客觀的評量機制（雖不一定完美）。當同一張試卷發下後，全年級上百、上千個學生同時答題，卻得到不同分數時，就會產生比較、競爭的意識，不僅讓孩子有目標可以去達成，也可以讓爸媽們知道孩子在某一學科的表現上大概是處於什麼地位，這也是一個學校可以提供，但在家自學沒有具備的重要功能。

挑選學校時該要注意

身為父母，一定會希望孩子可以進入一間對他有所幫助的學校，然而這世界上並沒有所謂的「最好的學校」，只有「適合的學校」。如何幫孩子挑選一所適合的學校，是爸媽們的一大考驗。

許多父母精算過，將孩子送去私立學校就讀的學費，其實不會比公立學校貴上多少，畢竟私校從一年級開始，一星期就要上五天的課，而公立學校在低年級時一週只有四天整天課，所以爸媽勢必要去安排其他安親班、接送、午餐等等事宜，林林總總加起來費用也不可小覷。因此只要負擔得起，許多爸媽都會選擇私校。然而私校真的適合每個孩子嗎？其實因人而異，畢竟私校孩子的家境大部分較好，也多有比較的心態。

舉例來說，某個念私校的孩子在暑假後對其他同學分享：「我爸媽帶我去香港迪士尼玩。」但旁邊的孩子因為已

經去過很多次了，所以聽了不以為意，甚至回應「好遜喔！我爸媽都帶我去奧蘭多迪士尼。」長久時間互動下，孩子間的話語傳回家中被父母聽到，父母親會起什麼反應？我認為有些父母聽了或許會不開心，畢竟孩子那麼小就有比較、炫富的心理，不是一種健康的現象，於是把小孩轉到其他公立學校。因此這就回到前面所說的「沒有所謂最好的學校，只有適合的學校」。所以如何幫孩子挑選適合的學校，家長們一定要視各種情況做不同的考量。

考量點❶：學校的理念為何

第一，是你認不認同這間學校教育的理念。這是家長需要慎重考慮的一環。假設一對家長非常重視創意的啟發，不想讓孩子接受填鴨式教育，那就要去找教育理念比較接近的學校，如此才會有相輔相成的功能，否則一旦將孩子送去一般填鴨式教育體系裡，家長每天回家見到孩子的功課，一定會崩潰得邊看邊罵。我建議爸媽們不要和自己過不去，即便找尋學校的過程相當辛苦，也一定要挑一個和自己教育理念相近的才好。

考量點❷：老師有沒有愛心和耐心

這一點可說是「知易行難」，但卻不可馬虎，一定要慎選有愛心的老師才行。怎樣去找到有愛的老師？我建議可以從其他家長的口碑去做研究調查，這會使你得到較為精確的答案，當你聽到的愈多、資料蒐集得愈多，你就可以自己下判斷。但記住，當然「有愛心的老師」不一定等同於

「很和善的老師」，有時即便老師嚴格，但他「嚴」之有理，對孩子也不是壞事。反倒是有的老師表面上和善，實際上卻是放縱、對孩子置之不理，家長將孩子託付給這樣的老師也就一點意義也沒有了。

考量點③：校友的風評如何

我認為可以判斷學校是否合適的方法，還可以透過觀察校友歷年來在其他學校和社會上的風評，因為這和校風有莫大關係。一所學校成立幾十年，畢業的校友少說也有數萬人，這些人在社會上表現如何？他們是否都展現積極正向的價值觀，其實和學校當時扮演什麼角色非常有關連性（學校環境形塑出來的人格特質），我認為這點非常具有參考價值，也是許多父母送一個孩子進學校前可以先做調查的地方。透露一個小祕密，我當初幫小孩挑選幼兒園的時候，就是去學區小學詢問幾位低年級的老師，附近哪個幼兒園的畢業生品性最好，因而做出明智的選擇！

考量點④：學校的師生比數字

年紀愈小的孩子，愈有許多地方需要老師協助照顧，畢竟小班年紀的孩子可能還要包著尿布上學，吃飯要人一口口餵，甚至在午休時間，還要老師拍一拍才能睡著。此時如果師生比不夠，老師照顧起來會非常累人，長期下來這樣的工作環境便會影響老師的耐心，即便他們再有愛心，可能也無法負荷過多的孩子，教育品質也就大打折扣了。所以師生比例要合理，這點爸媽得要多注意。

考量點5：學校位置的方便性

很多父母可能會想讓孩子上明星幼兒園，但當這些幼兒園距離住家較遠時，你就要好好考慮一下是否值得了。為什麼呢？第一，年紀較小的小孩子經常會有些突發狀況，可能突然生病發燒了、忘記帶藥、忘記帶備用衣服，或鬧脾氣了……，此時你就必須趕到學校處理，而離家近就會非常方便；另外，愈小的孩子愈需要睡眠，如果一間幼兒園離家比較遠，來回車程需要一兩個小時，那麼每天就得犧牲大人小孩不少寶貴的睡眠時間。反觀如果離家近，那麼早上就能有充裕的時間慢慢準備，在家吃個早餐再悠閒地走路上學，對健康和日後學習效率都有好處。

考量點❻：學校的環境合適與否

學校不僅僅是孩子上課的地方，也是他們活動的場所，尤其是下了課後，孩子需要戶外的環境，如果能有個比較寬廣的地方給他們奔跑、運動、遊戲，也就能形塑一個比較外向、開朗、勇於挑戰的人格；反觀常在狹小環境內活動的孩子，個性就比較不容易大開大闔，相對拘束一點。所以可以的話，儘量挑一個環境寬闊的學校，即便沒有，校園周圍若有公園等設施，讓老師或爸媽可以帶去活動，也是一種補足的方式。

考量點❼：學校資源開放與否

你所挑選的學校資源是封閉的，還是開放的？比方說，有的學校不喜歡外來資源進入，例如一些民間的教育團體。開放的資源體系可以讓外面受過訓練的義工媽媽利用早自習的時間到學校進行生命教育的分享，用說故事的方式告訴小孩子什麼是尊重、互助等等，以此輔助品德教育，但有些學校不太歡迎這類團體。開放當然有好有壞，開放性的資源可讓孩子有更多管道獲取資訊，但壞處是難以檢視這些進來的資源，到底在傳播什麼樣的理念和教育；而封閉性的好處是較好管理，但資源相對單一薄弱。

當然，爸媽也要有所付出

這是最不可或缺的一部分。一間學校的教育是否會成功，其實與家長的付出、投入有正相關。完全不參與其中的家長，容易和學校老師形成一種對立，而致使他們不願意投入的心態就是「我把孩子交給學校，學校就要負責把他教好」，但這壓根是錯誤的心態，因為每個小孩多多少少有父母的影子，不可能把孩子丟到學校，學校就能把他徹底教好，這太理想化了！你可以試著從學校家長會（團體）的互動情況觀察看看，如果彼此很冷漠，那學校間親師對立就可能愈明顯。

然而爸媽也不該過分極端，極端到要干涉老師的教學，或硬是要比較一些虛榮的東西，如「畢業旅行要去哪裡？」或「捐了多少錢？」這也會扭曲教育的本質。所以我建議可以從一些師生互動的活動來做為參考，例如某間學校舉辦校外教學時，總是有家長願意跟著老師去幫助或管理學生，「合唱團的發表會，總是會有家長願意當伴奏或幫忙照顧後台的孩子……這都是很良性的互動。

孩子人際關係不好該怎麼辦？

孩子的人際關係好壞，往往也是爸媽們十分關切的一件事情。先前曾有個家長在通訊軟體LINE中和我道謝，說是因為自己女兒幾天前忘了帶餐具，而我兒子借她了，他們覺得十分感激。起初我心想：「這只是件小事，應該沒必要特地道謝吧？真是對有禮貌的夫妻。」後來才得知他們女兒在班上的人際關係不好，同學都不跟她玩，所以當我兒子願意幫忙時，他們才會有這般反應。

其實孩子在學校的人際關係好壞，原因不出兩大類，一是這孩子本身性格就比較內向，或比較不願意跟其他的孩子分享，屬自身原因；二是這孩子可能比較容易招惹到其他孩子，或與他在一起，常會惹一些麻煩，所以大家便選擇不跟他玩，屬外在原因。

以下我們就以兩個角度來分析「孩子人際關係不好」的問題。

孩子本身性格比較內向

很多爸媽誤會所謂「人緣好」的定義。所謂人緣好，並不表示可以和「所有人」都交朋友，也不是讓每個人都喜歡他，這是不可能的，再八面玲瓏的人也無法做到。

那解決定義上的誤解後，如果還是認為孩子太內向了，該怎麼辦？其實內向的孩子，爸媽可不必太擔心，因為他們會和同樣內向的孩子交朋友。例如我的大兒子，個性就比較內向，但依然也有好得不得了的朋友。這類孩子通常可藉由找到共通興趣而變成無話不談的好朋友，他們之所以讓人覺得比較內向，是因為他們的興趣點往往和外向孩子不一樣罷了。所以我覺得父母可以幫忙引導，讓孩子找到興趣相投的夥伴，湊合他們成為好朋友，例如某個孩子喜歡哈利波特，而你的孩子也是，便可以讓他多帶幾本書去分享，使其產生更多興趣上的連結。

孩子可能比較容易招惹到其他孩子

另一種導致孩子人緣不好的原因，就是孩子可能常做出一些事或說出一些話，讓其他人敬而遠之。我們可以透過下列步驟觀察看看是否有這樣的情形。

步驟1：觀察孩子有沒有自覺

首先，觀察孩子自己有沒有足夠的認知，看看他今天是不是有做出一些事，讓班上的小朋友不敢接近，而自己卻毫無自覺。有些孩子沒有這樣的意識，他們不知道原因出在自己的一些舉動，因而歸咎到「大家都在排擠我」，這時候父母便要引導他們，告訴他「對或錯」、「喜歡或不喜歡」是兩碼子事。

舉個例子來說，孩子今天可能不喜歡一個老師，在課堂上和老師公然叫罵，或許他的行為是長久壓抑的委屈所導致，情有可原，但會影響到其他人的受教權和氣氛，因為孩子在課堂上這樣做，老師可能就花十分鐘來解釋或安撫情緒，但相對其他二、三十個小朋友，是不是就損失了兩百多、三百多分鐘的受教權。老師該教沒教，或匆匆帶過一個重要觀念，而孩子無法去了解這種事情的蝴蝶效應，只一心覺得「我是對的，為什麼不能辯駁？」殊不知這樣的行為已經導致其他同學的不滿。

所以做父母的我們，應當要在適當時間讓孩子了解這個觀念。比方說，可以告訴孩子：「你不喜歡這個老師，一定有你的理由，你可以回家跟爸爸說為什麼嗎？我們再一起想想辦法……」如此孩子便可以選擇場合與時間，讓他表達他的觀點，而不至於影響到他在班上的人緣。

步驟②：觀察孩子是否缺乏相對應的的同理心

有的孩子可能在有意無意間會嘲笑別人，例如一個功課不錯的孩子，他每次都考得很好，便會嘲笑只考80幾分的同學，久而久之就導致大家不喜歡與他一起活動。為什麼會這樣呢？我們可能要回溯一下他是怎麼養成這個行為的。或許他在家裡時，哥哥姐姐的功課都比他好，所以也同樣嘲笑他，於是他對外的行為自然也會如此，覺得「又沒有什麼了不起，何必大驚小怪？」這時父母就應該從家裡開始矯正這種行為，先跟哥哥姐姐講：「弟弟比你們小，而且他有些長處也是你們沒有的，所以不可以嘲笑弟弟。」凡事還是要反求諸已，要意識到這樣的行為，是不是在家裡學習到的，如果是，就應該正本清源，把這個問題疏導掉。

接下來則是要讓孩子產生相對應的同理心。告訴孩子：「你喜歡嘲笑別人，那你是否還記得自己被嘲笑時的感受？你是不是事後也哭得稀哩嘩啦的？」讓孩子知道自己嘲笑別人的行為，是一種惡性循環，它只會產生更多不快樂，當今天在班上有一個人不喜歡他時，他沒有改善這個狀況，最後就會有十個人、二十個人都不喜歡他，所以多多為人著想，抱著同理心，就不會讓自己和其他人都不快樂。

最後我想強調「教小孩不能只用防堵的方式」，必須在告訴他們「不能做某某事」的同時，和他們說清楚「可以做什麼，該做些什麼」，他們才有一個準則方向。以前面「嘲笑同學成績」的例子來說，你可以建議孩子：「去看看同學的考卷上，有沒有哪一題是他答對而你答錯的，問問這題該怎麼算。」如此一來孩子既沒有嘲笑對方，也維護了對方自尊，更重要的是願意敞開心胸一起當朋友。這樣才是一個比較良善的，正面的循環。

發現孩子在學校被排擠，爸媽應該怎麼去處理？

做為一個理性父母，在得知孩子受排擠時，我會先確認一個問題——我的孩子是不是做了一些不該做的事，或說了一些不該說的話，才被針對？如果有的話，當然就回歸到前面所說的步驟去解決，然而有的時候，孩子確實是無辜的，他們可能因為班上一些小團體操弄，或是受到誤會所以被排擠，那就不是我們前面所說的那麼單純了。這種時候我們就需要老師的協助。

有些老師可能覺得某個孩子行為有問題，因而故意孤立他，希望他節制一點，但通常只會形成反效果，因為孩子若愈被孤立，就愈不需要去在乎其他人的感受；相反地，如果孩子感覺到自己被接受，他往往在說一句話前、做一件事情前，都會優先考慮好朋友可能怎麼看待自己，所以說孤立一個孩子絕對不是矯正他錯誤行為的最好方式，反而會讓他越極端、激烈。

我覺得第一個應該去施力的點，應該是找機會儘快跟老師說，畢竟老師在學校和孩子相處的時間最長。第二是聽聽看老師有沒有什麼好方法，讓我們家長盡力去配合。如果效果再不好的話，可能就要從班上的意見領袖去找施力點，這個意見領袖不一定是班長，通常是班上最受歡迎、最有趣的、最好笑的人。意見領袖對班上的想法有主導性作用，這時候爸爸媽媽可以趁著適當的時機點（像是生日或中秋節烤肉）邀請這個意見領袖或其他的同學，一起到家裡來聚會，或是到外面的餐廳聚餐，讓自己的孩子更融入其他人，起到一個潤滑的作用。

案例收錄

任何小細節都可能影響孩子的人際關係

有次我帶兒子上學的途中，碰到一個他班上的同學，這個同學比同齡的孩子高、壯、而且聰明，於是我就說：「某某某，今天早上有躲避球比賽，我會去幫你們班加油！」沒想到那孩子竟然就回答：「哼！什麼躲避球比賽，老師根本是在利用我，他平常根本不喜歡我，遇到這種要出體力的活動，才會拜託我幫班上爭取榮譽。」我嚇到了，沒想到這孩子的反應會這麼敏感，我發覺他對老師的那把尺已經傾斜了，覺得老師是在利用他，因此就趕緊利用時間機會教育他。

我問他：「那麼別人的想法呢？畢竟這個比賽不是為了和老師賭氣，而是為了證明你自己的能力呀！你的躲避球打得比別人好，相對地同學也會更倚重你，如果可以為班上爭取一個好的榮譽，不是為了老師，而是為了自己和好朋友們，這樣想不是很好嗎？」之後這個孩子也因此很認真地去比了這場球賽。

從這個案例裡我們可以看到，假使今天這個孩子沒有人為他開導，他可能會隨便放棄掉一場躲避球賽。老師在場邊觀賽時或許會覺得他故意出局，對他的誤解又更加深一層；其他的同學可能也會覺得他不盡力，害得班上在第一輪就被淘汰，所以之後便開始排擠他。小孩子在成長的過程當中，需要很多適時的提點和教育，如果沒有把握住這種教育的時機，就會產生蝴蝶效應，往壞的方向去發展。

孩子抗拒上學該怎麼辦？

孩子一聽到要去上學就哭鬧，吵著不想去學校——這應該是每個爸媽在孩子還小的時候的夢魘吧。然而，你知道為什麼孩子抗拒去學校嗎？又或者孩子年紀再大了些以後，依舊對上學、學習這件事表現得興趣缺缺、敷衍了事，甚至出現逃學輟學等狀況，又是為什麼呢？本篇我們就來討論一下孩子抗拒上學這件事吧。

如果我們具體分析孩子「為什麼會拒學」，通常會找出幾個原因。第一是孩子討厭學校本身，他可能就是不喜歡坐在教室裡，上一堂課四、五十分鐘的課，或是不喜歡週一到週五都要上課。第二個可能是孩子特別討厭某些學科，這些學科給他特別大的挫折感，比方說數學或是英文。第三個可能，則是孩子討厭某些學校裡的人際關係，可能是老師，可能是同學，也可能是他被霸凌了。父母應該幫助孩子去釐清拒學的原因，而原因或許不只一個，也可能是多重的，所以必須先找出主要的原因是什麼。針對不同的拒學原因，以下提供幾種解決方法。

原因❶：孩子拒絕學校機構

現在是個愈來愈開放的時代，越來越多家長選擇讓孩子在家自學某個科目，或者請家教來指導，但有些科目還是得在學校上，例如電腦課、英文課等等。

像我孩子的班上就有個女生，她只有當學校上英文課、體育課時才會出現，其他時間都在家自學。當然她不是拒學，只是有些孩子在適應學校這個比較大的體制上，會有較大困難，所以我覺得這是一種彈性作法，兼顧在家學習的安全感和學校學習的效益。因為學校有學校的優點，例如可以學習團體生活，和比較多人際接觸，另外學校的資源一定也多過家裡，所以根據不同學生的狀況作調整，我認為是不錯的方法，不一定要用很制式、古板的思維去看待學習這件事，否則對一些天資聰穎但不愛上學的孩子來說，也只是浪費時間而已。

原因❷：孩子討厭某些學科

這個部分，我覺得父母的態度很重要，因為國小學生的父母極可能會希望看到孩子在國語、自然、英文、數學、社會等每科都表現很好，拿到滿分，這種教育觀念架構在「短板理論」之上。什麼是短板理論？我打個比方，古時候的木桶，通常是以金屬線將一根根的木條框起來，然後拿去裝水，假設孩子的每一個科目就像不同長短的木條，當你用鐵線將它們框在一起時，是由最短的那根木條來決定這個木桶能裝多少水（一旦高過那個水量，水就會從最短的木條那裡漏出去），所以傳統的教育理念是「考不好的就補齊」，把最短的木條加長，就能裝更多的水。

短板理論： 水桶的盛水量取決於桶壁上最短的木板。

長板理論： 只要將木桶傾斜，會發現能盛多少水取決於最長的木板。

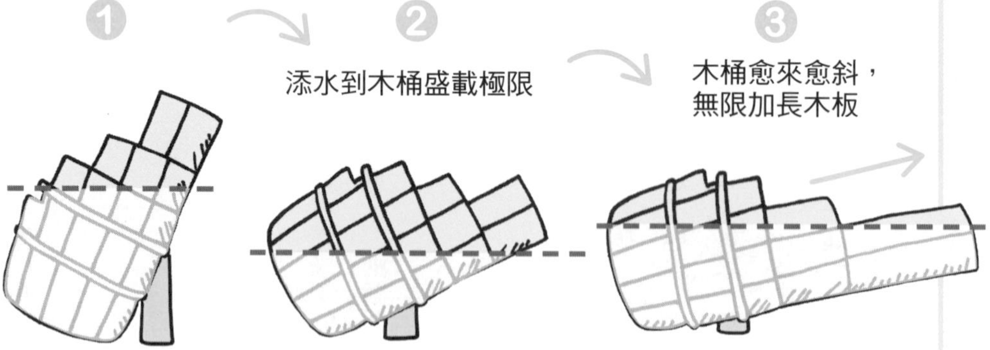

但新的教育理念叫「長板理論」，引用前述的木桶裝水概念，但不一定要把木桶正著擺，而是可以斜著擺。當木桶斜著擺時，決定這個木桶裝多少水的關鍵變成最長那根木條，所以長板理論鼓勵父母支持孩子去發展他的優點，而不僅是補足他的缺點、弱勢，這是兩種完全不同的概念。

如果孩子是因為外在因素（時間不夠、不適應老師教法）導致某些學科表現不佳，則父母要幫他找到資源、增加他學習這科的時間和方法；但如果孩子學習的成效有限，屬內在因素（天賦限制），父母就應從短板理論轉到長板理論，用同樣的時間、同樣的金錢去找到孩子的優勢、天賦，好好發展它的結果一定更有成就感。從另一方面來說，當孩子知道自己如果有哪一科即使盡力了但還是考不好時，他會清楚父母不會過度責罵他，也比較不會有愧疚感，或對學校產生厭惡。

原因③：孩子討厭學校的人際關係

我覺得這是最難處理的一塊，因為處理「事情」總是比處理「人」來得簡單。尤其是愈接近青春期的孩子，對人際的敏感度又特別高，他們經常會有一些小團體，集體喜歡某一個老師或討厭一個老師，喜歡某一個同學或討厭某一個同學，我認為其實只要沒有到霸凌的程度，這都是正常過渡現象。

有時候同學之間會發生一些爭吵，這時若大人過度地去干涉，反而不利於同學之間感情的恢復。大人可能會說：「以後你就不要再跟這個同學玩／講話了。」但其實孩子本來隔天會自然和好，或是他不知不覺中忘了這回事，卻因為爸媽的一席話，他反而很難跟同學和解。

因而同學間的人際關係是小問題，反倒是小孩對某一個老師的誤解、偏見，或是老師確實不太適任的問題，是比較難解決的。因為學校老師的「工作權」和孩子的「受教權」往往不完全在平等的天秤上，尤其是公立學校，老師的工作權通常大於孩子的受教權。所以我們確實發現一些不適任的老師依舊留在學校一年又一年，頂多就是從導師變成科任老師，不帶班了，或者變成行政性質，但工作依舊被大大地保障，這的確是家長最傷腦筋的部分。

因為大部分的家長會有一種「國小兩年就換一次班」或者「受不了就轉學吧」的忍耐心態，助長了這種氣焰（當然會有少數感受比較強烈的家長，向校長、教育局投訴）。家長以及學校不知道的是，有的孩子會針對老師曾對他說的話、做的事情，於心理上留有陰影。我在諮商的過程中，便遇過很多國中時候遇到對他很差的老師，因此直到三、四十歲後，還是懷有怨恨的案例。所以爸媽如果當時沒有去處理孩子的情緒，對孩子未來發展會有很大的影響，甚至在孩子自己也變成家長後，對老師產生不信任感。

要減少這類問題發生，我覺得爸媽可以和班上其他父母有多一點接觸，畢竟自己的孩子可能比較內向，但其他的孩子可能回家後就淘淘不絕地跟爸媽講今天班上發生什麼事情，因此可透過橫向聯繫的方式，來了解自己孩子在班上的表現，和他的人際關係等等。若還是希望孩子自己開口的話，建議讓孩子在一個比較舒適的環境下，比方說帶他出去旅遊之類的情況，用不經意的方式問他，又或者旁敲側擊，他會比較願意卸下心防與你談心。

案例收錄

明明有天賦，孩子為什麼抗拒學習？

大概在兩年前我遇過一個案例，有一對父母來找我諮詢，他們家是藝術世家，爸爸是國立大學美術系教授，所以從小便栽培自己的獨生子走繪畫這條道路，但兒子並不想讀大學的美術系，他想要跳過大學這個階段，直接從事廣告設計。

對於兒子的想法，父母打從心底反對，覺得他明明考得上大學，而家中又有這種傳統，為什麼不念大學？最後兒子還是屈服於爸媽了，他去唸了一個學期的美術系，但後來便陸續發生翹課或期中考故意不去考這種情況。得知狀況後，這對爸媽怎麼勸阻都收不到效果，所以就來請教我。

了解大致狀況以後，我便問了他們一個問題：「我想先知道你們的想法。你們是要兒子未來非得走你們規劃好的這條路呢？還是只要不偏離你們設定的目標太遠，就可以尊重他？」結果那對父母選擇後者，也就是不完全民主。從他們的選擇中，我看到了很多協商空間，於是我請這對父母下次也帶兒子一起來聊聊。

在和他兒子第一次對談的過程中，我先是問他：「你對藝術感不感興趣？」他回答感興趣，並說：「我只是對當教授不感興趣而已。」從他的答覆裡，我覺得其實他對自己的未來出路有清楚的想法，於是又請他下次來的時候，帶一些作品給我看。他第二次的時候也確實帶了作品，我發現他的作品頗具現代感，和他從小被父母教導畫國畫、寫書法的傳統藝術形式不太一樣，我就問他：「你有沒有決心走自己的路？」他的回覆讓我覺得他的意志蠻堅定的，我才跟他說：「其實你爸媽也很支持你往自己想走的方向去發展，不是非得選學術界這塊。」這時他才放下心中的大石頭。

最後，這對親子一起協調的結果，是把大學美術系唸完，並且選修一些廣告系的課程，擁有基本學歷後，他再去廣告公司工作，這算是比較兩全其美的解決辦法。從這個例子裡我們可以發現到孩子拒學的問題，有時候出自於父母傳統士大夫的觀念，也就是「萬般皆下品，唯有讀書高」。但從孩子的角度來看，他們可能會看到很多新行業的崛起，或是很多新的賺錢方法。例如喜歡音樂，可以成為一個youtuber朝網紅的方向走，為什麼一定要考上樂團或從事音樂教學呢？這是父母無法理解，也不願意去理解的地方，所以父母便會覺得是孩子故意和自己唱反調，抗拒去學校。

「父母的眼界」和「孩子的世界」有沒有交集，會影響父母看待孩子行為的看法，這也是為什麼我們會鼓勵無論是孩子還是爸媽，都應該要不斷學習的原因。如果爸媽沒有學習，就無法了解孩子的想法，因而產生誤解。

孩子成績不好該怎麼辦？

首先我想問各位爸媽——成績不好的定義是什麼？成績好的定義又是什麼？我想大部分父母的答案，都會把成績和學習混為一談，也就是「若要了解孩子的學習成果，看他期中考、期末考成績就知道」。然而真的是如此嗎？

父母應該先釐清「學習」和「成績」這兩件事情，再來討論這兩者間的關聯性。成績比較容易解釋，就是孩子期中考、期末考的「分數」。比方說，父母設定孩子在小學時，每一科目都應該考95分以上，如果沒有達成這個水平，那麼在父母眼裡就是考不好，就是成績差。

一般爸媽對成績有所期待很正常，但成績好並不代表學得好。成績好可能是因為他練習做得比較多，他對要考的部分已經很熟練了，但在一些基本的概念上，卻還是很脆弱、不了解，只是這些並不會反映在分數上面。試問爸媽們，如果「成績好」和「學習成果好」這兩個硬要取一個的話，你會選擇何者呢？我想父母考慮之後，可能都會選擇「學習好」吧。但諷刺的是大部分的父母都不能忍受，每學期末孩子拿考卷回家時，看到他不如預期的成績單。

所以爸媽要關心的，應該是「孩子成績不好，學習也不好，那該怎麼辦？」這個問題。我們在前一個單元提到過「長板理論」和「短板理論」，因為目前主流環境還是以「短板理論」為多數，所以父母通常以「治標」為首選，認為只要加強孩子考得不好、比較弱勢的那科，就可以快速拉昇他的成績，學習成果也會變好，於是去找補習班或家教，每天多花一、兩個小時的時間去加強某幾科。這些我覺得都是無可厚非的方法。

但如果窮盡了這些方法，孩子的成績還是不好時，就應該考慮我們曾講到的「長板理論」觀念，用我們的資源去發展孩子的優勢。對於孩子一直努力但成績不好的學科，讓他維持一個基本盤面即可，剩下的精力給他全力發展他的強項領域。試想如果只是一直彌補孩子不足的地方，進

步空間有限，他可能從50幾分變60幾分，即便成長了，也還是班上倒數幾名，剛好跨過及格門檻而已，很難獲得成就感吧。

但相反來說，讓孩子去發展他的優勢，例如原先就在班上名列前茅的領域，你接著再投入更多資源進去，他可以代表學校參加全國甚至世界級的競賽，拿到很好的成績，他的進步空間非常大，而且幾乎沒有天花板，長遠下來，孩子對學習這件事情也會保持他的熱情。

案例收錄

孩子考不好，他自己壓力也很大，我該怎麼幫助他？

我的一個朋友，她嫁給義大利人，全家都在羅馬生活。有一次我問她：「義大利的父母，在孩子學校考試成績不好時，都會怎麼處理？」結果她說：「義大利的媽媽在孩子考卷發下來後，如果發現成績不好，就會先帶孩子去吃冰淇淋。」這個答案讓我非常驚訝。但朋友表示，因為孩子考試成績不好，自己已經夠憂鬱了，所以必須要讓孩子開心一點，心情變好，之後才更願意去學習。

我覺得這個觀念真的好特別，但想想後也蠻有道理的。孩子考不好，大部分自己就會先緊張和有壓力，父母如果再去責罵他，對事情其實沒有太大幫助，只是在發洩自己的挫折感而已。父母會覺得，每個月已經花一萬五的補習費，每週還要接送兩次，結果考出這樣不如預期的分數，於是覺得挫敗。

其實父母可以換個角度思考，當孩子成績考不好時，父母是否能用其他方式去鼓勵他，或讓孩子的挫折感少一點，好增加之後學習的意願和動力，這才是最重要的事情。

孩子在學校早戀了該怎麼辦？

我想這個問題隱含了一個價值觀，就是「業精於勤，荒於嬉」，東方父母會覺得戀愛對於讀書是有害的，因為戀愛就不能專心讀書，彷彿讀書和戀愛這兩件事會互相排斥，所以才會出現所謂男校、女校及男女分班的現象。

然而這種現狀其實很不符合人類社會的常態。我們可以這麼想，世界上有哪個國家是「男人國」或「女人國」？沒有吧。而且當你把一群青春期的孩子隔離開來，他們更會對彼此感到更加好奇，所以就會出現男校特別喜歡找女校聯誼這種例子，且不乏像是建國中學，北一女中等等我們認為應該是最認真念書的頂尖學校。像我自己當年是唸附中，附中本身就有女生班以及男女合班，因此我們便會覺得幹嘛要找女生聯誼，似乎證明了愈是少接觸，愈是會感到好奇的人性。

青春期的孩子們情竇初開，開始有意中人、展開約會或是彼此有親密的動作，我們稱之為早戀。但其實以他們生理的發展來看，這是很自然的趨勢，只是大部分師長或父母害怕的是會不會出現一些不可收拾的狀況，例如過早的性行為、未婚懷孕等等。但我倒覺得與其去壓抑青春期的孩

子這種自然的發展，還不如去引導他，告訴他戀愛是一生少有的機會，如果戀愛了，也會是段很美好的回憶，教導他如何負責任，或是不帶遺憾地體驗，在做任何事情時都必須要考慮到後果，不要做出讓自己後悔的事情，否則這段回憶就會苦澀不堪。

前面提到的是青春期的孩子，而有些孩子則在更小的年紀就喜歡來喜歡去，我認為這種純純的愛，爸媽並不需要太過操心，畢竟孩子喜歡對方的原因可能僅是對方球打得很好、很帥、功課很好等等，多半都是一種崇拜的心態，而非那種渴望親密的吸引力。所以我覺得，如果父母發現自己的孩子在國小的中高年級時，就有這種喜歡異性的情形，先不要急著告訴他「不行，現在太早了，現在會影響功課」，給予他太多的罪惡感，因為他們原先並沒有那麼多心理包袱，但你又突然給他們加諸這些壓力，他們便會產生很多矛盾心理。

父母身為過來人，其實可以用一種「先談談自己」的方式，慢慢滲透孩子內心。比方說和他們聊聊：「爸爸國小六年級的時候，也喜歡過一個女生，是班上的班長……」因為事過境遷那麼久，便可以用一種輕鬆自然的方式來談這件事情。特別是談這種比較尷尬的話題時，你的「態度」會比談話「內容」還重要，這點請務必記得。如此一來，萬一孩子心裡對某個議題有一些擔憂或煩惱的時候，也會比較願意跟你傾訴。當家長的態度很隱晦，或是以嚴肅的方式來討論，又或是一副要教訓他的樣子，那孩子將來有什麼煩惱也就不敢跟你說了。這個原則適用於很多方面，討論孩子早戀時也不例外。

大陸那邊有句俏皮話，說：「自己兒子喜歡別的女生時，會覺得辛辛苦苦養的豬終於懂得拱別人田裡的白菜了；而當發現自己女兒喜歡別的男生時，則覺得好不容易養大的白菜卻被豬拱了。」這個說法可能有點誇張，但我覺得蠻有趣的，也分別代表著有兒子或有女兒的父母，其心境也大大不同。這一方面是肇因於東方社會傳統的「重男輕女」觀念，但另一方面，畢竟男女生理構造不一樣，如果做了傻事，女孩子生理上會承擔這個結果，所以父母有這種不同的心理狀態，也是可以理解的。因此我認為家中有兒子的父母，更需要教育自己的孩子，讓他知道每個人都是爸媽的寶貝，不能傷害自己，更不能傷害別人，這點我也施行在自己家裡的孩子身上。

最後還是強調，當我們成年人自己回顧第一個喜歡的人時，其實都充滿著美好的回憶，所以其實孩子也一樣，因此如果孩子真的早戀了，應該選擇去引導孩子，讓他們對這段過程可以充滿美好印象才是。

有一位高中語文老師處理學生早戀的方式很優雅。她對於早戀采取的不是防堵，而是疏導的策略。她讓異性同學坐同桌，和學生們一起討論愛情，討論愛情文學作品，這樣一來，班上反而沒形成任何班對，畢業多年後卻促成了好幾對學生真的成為了夫妻。中學生需要她這樣的老師！她是學生們的經師更是人師！

孩子價值觀變得太物質怎麼辦？

沒有一個孩子的價值觀天生就很物質，所以如果孩子變得太物質的話，父母或主要照顧者，得要負很大一部分的責任。舉例來說，有的爸媽經常為了鼓勵孩子，會給他一些物質上的獎勵，如「今天考一科一百分的話，就一千塊；兩科一百分就有兩千塊」，或者以買玩具、遊戲等等來誘惑他們。諸如此類的方式，都是我們大人在用物質去制約小孩。

但其實除此之外，還有其他更多、更好的辦法。我在孩子還小的時候，很認真地問過他們：「最希望爸爸為你們做些什麼？」他們異口同聲地回答：「最希望爸爸陪我玩！」他們並沒有說要買玩具或是去遊樂園，而是單純地希望我陪伴他們，講故事給他們聽。他們期待的是非物質的陪伴，只是我們大人有時候太忙，覺得陪他們很累，所以抱著花錢消災的心態，買了東西想滿足他們，才會一點一滴讓他們轉而投向物質的懷抱。

所以我們可以發現，孩子的價值觀一開始並不物質，但當你開始習慣用物質去填補他的時間，或是他的空虛時，他就很容易受到制約。那要怎麼找到那個臨界點呢？你可以觀察看看，例如當孩子開始不珍惜他的玩具，或者他根本忘記自己有這個玩具時，就是個徵兆了。另外，你也會注意到孩子可被物質滿足的時間愈來愈短，像是過去買一個新玩具給他，他會玩一個禮拜，但現在卻變成一個早上而已，下午他就不感興趣了，這就是一個臨界點了，告誡你不應該再用物質滿足他（又或者一般物質也無法再滿足他了）。這時候不妨試試以非物質的方式，來鼓勵孩子。

我的靈感源自小兒子在小班時，學校辦的第一次父親節活動。那天放學，小兒子神秘兮兮地說有禮物要給我。我心裡猜想，應該是老師要他們做的一張卡片，結果我一打開發現是「快樂兌換券」（應該是老師幫他寫的字）。裡面有兩個選項可挑選，一是可以按摩十分鐘，二是被親十下。兒子問我要選什麼，我還故意問他：「可不可以兩個都選？」收到這樣的快樂兌換券，我很開心，於是我發現這也是一種非物質的滿足，它增加我和孩子互動的機會，所以我就稍稍改良，將它應用在鼓勵孩子行為上。

像我的孩子們都有在學琴，我每天規定他們至少要練30分鐘，但在剛開始學時，我不想給他們太大的壓力，所以我告訴他們，如果可以連續五天都練琴超過30分鐘，我會給他們一張「快樂兌換券」。他們會問我：「這可以換什麼？」我說除了玩具以外都可以。

老二比較喜歡發表意見，我便先問老二最想要換什麼。老二說：「我想要一天不吃青菜。」結果被我否決了，但可以有一餐，這天的其中一餐他如果不願意吃青菜，他可以拿「不吃青菜兌換券」來換，我會爽快地答應他。再來我問老三想換什麼，老三回答：「一天不洗頭。」因為老三頭髮很細又較長，所以每次幫他吹頭髮都比較久，他覺得很痛苦。我想想，一天不洗頭應該也不會太臭，也就答應他了。最後一個則是老大，他想換取的是「做錯事不被罵」，我也答應。

接下來我們就開始一起設計快樂兌換券。老二很用心，甚至畫了五把小提琴的圖案，並在小提琴底下畫方格，要我在他們每天自動自發練琴後，就在下方打個勾，因此我看得出來他們很重視這個規則，而且對於這種非物質的獎勵，其實是很喜歡的。而從父母的角度來看，透過給予孩子非物質的獎勵，自己也可以更了解孩子的性格，能夠知道孩子喜歡什麼、討厭什麼，這些是以物質滿足小孩的父母所無法看見的角度。

案例收錄

大人熱愛比較，也會使孩子變得物質

其實還有一種情況，是大人之間有意無意地比較，這也會影響到孩子。比方說，大學時期我曾經在安親班打工，這學區在社經地位較高的地方。

有一年暑假剛結束，孩子回來安親班上第一堂課，我聽到他們在聊天，彼此問對方這段暑假期間，父母都帶他們去哪裡玩。其中有個小朋友說他的爸媽帶他去香港迪士尼，他覺得很好玩，結果卻被另一個學生嘲笑，說香港迪士尼太遜了，他們都去美國奧蘭多迪士尼。

我當時嚇傻眼，原來小學生之間就會做如此比較。我回想自己在他們這個年紀時，根本還沒出過國，換做是我，哪怕是任何一個迪士尼，都一定會覺得很棒，而他們如今小小心靈裡就存有比較意識了。可能的原因，就是這些孩子的父母，本身也會有意無意地去和其他家庭的經濟條件做比較，久而久之耳濡目染，就會影響孩子的心態發展。我覺得這是一個警訊，因為代表孩子的價值觀往往會產生「物質等同價值，價格等同價值；非物質就是無價值」的錯誤觀念。他們的天秤已經嚴重地傾斜了，導致每次出門就非昂貴餐廳不吃，非名牌鞋、名牌衣服就不穿的狀況。

如果你也發現孩子有愈來愈物質的情況產生，最好的做法，就是從自己開始做起，讓他知道這樣的價值觀可以被改變。你不一定每次帶他出去玩，都一定要住五星級飯店，偶爾去露營或是住住民宿也不錯，又或是像前面提到的，以非物質的獎勵取代玩具、金錢，讓孩子知道快樂有各種不同的方式可以獲得，才不會落入價格愈高就是愈好的迷思當中。

爸媽別崩潰

帶孩子不再焦頭爛額，邱永林心理師的教養祕笈

家庭成員╳教養原則╳能力培養╳學校教育

作　　者　邱永林
顧　　問　曾文旭
總 編 輯　王毓芳
編輯統籌　耿文國、黃璽宇
主　　編　吳靜宜
執行編輯　廖婉婷、黃韻璇、潘妍潔
美術編輯　王桂芳、張嘉容
特約校對　菜鳥
法律顧問　北辰著作權事務所　蕭雄淋律師、幸秋妙律師

初　　版　2021年07月
出　　版　捷徑文化出版事業有限公司──資料夾文化出版
電　　話　（02）2752-5618
傳　　真　（02）2752-5619

定　　價　新台幣350元／港幣117元
產品內容　1書

總 經 銷　知遠文化事業有限公司
地　　址　222 新北市深坑區北深路3段155巷25號5樓
電　　話　（02）2664-8800
傳　　真　（02）2664-8801

港澳地區總經銷　和平圖書有限公司
地　　址　香港柴灣嘉業街12號百樂門大廈17樓
電　　話　（852）2804-6687
傳　　真　（852）2804-6409

▶本書部分圖片由 Shutterstock、freepik 圖庫提供。

國家圖書館出版品預行編目資料

爸媽別崩潰：帶孩子不再焦頭爛額，邱永林心理師的教養祕笈/ 邱永林著. -- 初版. -- 臺北市：資料夾文化, 2021.07　面；　公分
ISBN 978-986-5507-69-5 (平裝)
1.親職教育 2.子女教育 3.親子關係

528.2　　110009267